Les Éditions du Boréal
4447, rue Saint-Denis
Montréal (Québec) H2J 2L2
www.editionsboreal.qc.ca

PASSER À L'AVENIR

Le Coffre à outils du chercheur débutant. Guide d'initiation au travail intellectuel, Toronto, Oxford University Press, 1989.

Les Années sans guide. Le Canada à l'ère de l'économie migrante, Montréal, Boréal, 1996.

Le Québec, les Québécois. Un parcours historique, Montréal/Québec, Fides/Musée de la civilisation, coll. « Images et sociétés », 2004.

DIRECTION D'OUVRAGES COLLECTIFS

La Question identitaire au Canada francophone : récits, parcours, enjeux, hors-lieux, avec la collab. de Roger Bernard, Sainte-Foy, Presses de l'Université Laval, 1994.

La Condition québécoise. Enjeux et horizons d'une société en devenir, avec Gilles Breton et Jean-Marie Fecteau, Montréal, VLB, 1994.

L'Histoire en partage. Usages de l'histoire et mises en discours du passé, avec Bogumil Jewsiewicki, Paris, L'Harmattan, 1996.

Le Lieu identitaire de la jeunesse d'aujourd'hui. Études de cas, Paris, L'Harmattan, 1997.

Les Espaces de l'identité, avec Laurier Turgeon et Khadiyatoulah Fall, Sainte-Foy, Presses de l'Université Laval, 1998.

Identités en mutation, socialités en germination, avec Bogumil Jewsiewicki, Sillery, Septentrion, 1998.

Les Jeunes à l'ère de la mondialisation. Quête identitaire et conscience historique, avec Bogumil Jewsiewicki, Sillery, Septentrion, 1998.

Aspects de la nouvelle francophonie canadienne, avec Simon Langlois, Québec, Presses de l'Université Laval, coll. « Culture française d'Amérique », 2004.

Jocelyn Létourneau

PASSER À L'AVENIR

Histoire, mémoire, identité
dans le Québec d'aujourd'hui

Boréal

Les Éditions du Boréal remercient le Conseil des Arts du Canada ainsi que le ministère du Patrimoine canadien et la SODEC pour leur soutien financier.

Les Éditions du Boréal bénéficient également du Programme de crédit d'impôt pour l'édition de livres du gouvernement du Québec.

Illustration de la couverture : Paul Klee, *South Wind in Marc's Garden*, Stadtische Galerie im Lenbachhaus, Munich.

Diffusion au Canada : Dimedia
Diffusion et distribution en Europe : Les Éditions du Seuil

Données de catalogage avant publication (Canada)

Létourneau, Jocelyn, 1956-

Passer à l'avenir : histoire, mémoire, identité dans le Québec d'aujourd'hui

ISBN 2-7646-0060-7

1. Québec (Province) – Historiographie. 2. Québec (Province) – Histoire – Philosophie. 3. Identité collective – Québec (Province). 4. Mémoire collective – Québec (Province). 5. Canada – Histoire – Philosophie.

| FC2909.L47 | 2000 | 971.4'007'2 | C00-941580-7 |
| F1052.95L47 | 2000 | | |

À Jean Hamelin et à Pierre Savard,
figures inoubliables de l'horizon historien

Remerciements

Il m'a été donné de recevoir les commentaires de plusieurs collègues et amis à l'égard de l'un ou l'autre des textes formant le contenu de cet ouvrage. Je voudrais particulièrement souligner l'apport de Jacques Beauchemin, Gilles Bourque, Jean-Marie Fecteau, Nicole Gagnon, Daniel Jacques, Bogumil Jewsiewicki, Christian Laville, Denis-Constant Martin, Henri Moniot, Pierre Nora, Joan Scott et J.-Yvon Thériault. Le contenu des articles relève évidemment de ma seule responsabilité.

C'est au cours d'un séjour comme *fellow* de l'Institute for Advanced Study, à Princeton, au New Jersey, que j'ai élaboré la plupart des idées ayant finalement trouvé refuge dans ce livre.

C'est durant un congé d'enseignement que m'accordait l'Université Laval en 1999-2000 que j'ai pu réviser tous les textes et les mettre au diapason de mes réflexions en cours.

Je sais gré aux Presses universitaires de France, aux Presses de l'Université Laval, aux Duke University Press et à The University of Toronto Press Incorporated, d'une part, aux directeurs du Centre de recherche Lionel-Groulx *(Cahiers d'histoire du Québec au XXe siècle)*, aux rédacteurs de la revue *Argument,* à ceux des *Cahiers internationaux de sociologie,* des *French Historical Studies* et de la *Canadian Historical Review,* d'autre part, d'avoir autorisé le repiquage, en tout ou en partie, de textes initialement publiés sous leur responsabilité éditoriale :

• « Se souvenir d'où l'on s'en va. L'histoire et la mémoire comme reconnaissance et distance » est une version révisée d'un article paru sous le même titre dans la revue américaine *French Historical Studies,* 20, 3 (printemps 2000), p. 277-300.

• « Passer d'héritiers à fondateurs. Le grand récit collectif des Québécois revu et corrigé par Gérard Bouchard » est le texte modifié d'une communication inédite présentée au colloque annuel de l'Association québécoise de science politique, Congrès des sociétés savantes, Université d'Ottawa, mai 1999.

• « Quelle histoire pour l'avenir du Canada ? » constitue la version légèrement modifiée d'un article paru dans la *Canadian Historical Review,* 81, 2 (été 2000), p. 229-259, sous le titre original « L'avenir du Canada : par rapport à quelle histoire ? ».

• « Le sort du passé. Risques et défis de la narration historienne (notes sur *Le Sort de l'Amérique* de Jacques Godbout) » est une version révisée et légèrement augmentée d'un article publié, avec le concours de Christina Turcot et Stéphanie Vagneux, dans *Les Cahiers d'histoire du Québec au XXᵉ siècle,* nᵒ 7 (printemps 1997), p. 209-212.

• « Pour une révolution de la mémoire collective. Histoire et conscience historique chez les Québécois d'héritage canadien-français » est la version remaniée et refondue d'articles parus dans la revue *Argument,* 1, 1 (automne 1998), p. 41-56, et dans les *Cahiers internationaux de sociologie,* vol. 105 (1998), p. 361-381.

• « Quoi transmettre. Passer à l'avenir » est un texte inédit.

Présentation

En ces temps où apparemment le passé n'a plus d'avenir, on dit que l'histoire est tombée en désuétude. Rien n'est plus faux.

Ainsi, depuis quelques années, on a vu se multiplier, au Québec comme ailleurs sur la planète, les tentatives pour trouver la façon la plus appropriée et la plus juste de mettre le passé en histoire. Cette fascination pour le récit de ce qui fut n'est pas un hasard. À une époque où toutes les collectivités sentent le besoin de réactualiser leurs représentations globales pour faire face aux défis de la mondialisation et du pluralisme culturel, réexaminer le passé aux fins de la construction d'un avenir aussi heureux et viable que possible pour les contemporains et les descendants apparaît, à ceux qui ont le pouvoir et la responsabilité de faire sens du passé, comme rien de moins qu'une nécessité.

Ce livre témoigne de notre ambition de nous inscrire au centre du débat et de la réflexion portant sur l'avenir de l'histoire et de la mémoire au Québec.

Dans les pages qui suivent, le lecteur trouvera réunis un ensemble de textes écrits depuis peu. Si certains articles ont déjà fait l'objet d'une publication (bien que sous une forme différente et dans des revues parfois difficiles d'accès pour le plus grand nombre), d'autres demeurent inédits. Tous ont été retenus ici par une même visée de notre

part : discuter, avec ou contre l'opinion de certains auteurs, des possibilités de rénovation du grand récit historique des Québécois et, le cas
échéant, préciser dans quel sens ce récit pourrait être amendé, rema-
nié ou rectifié.

Au fond, l'objet central de ce livre n'est pas tant le passé lui-même
que le défi posé par sa mise en narration dans l'optique de la production d'une société meilleure et dans la perspective aussi de la constitution d'un héritage émancipateur pour les Québécois de demain.

On ne verra rien d'injurieux envers l'entreprise savante dans
pareille démarche.

Le projet scientifique est en effet fondé sur la reconnaissance d'une
obligation, pour l'homme, de mettre en sens le monde dans lequel il
vit et envers lequel il détient une responsabilité suprême de fiduciaire.
Cette obligation de produire du sens est ce qui distingue par-dessus
tout l'humain de l'animal. Elle est aussi ce qui lui confère une angois-
sante autorité morale sur le règne vivant. L'homme a la capacité de
faire, avec le monde, une histoire particulière de ce que le monde a fait
de lui comme héritier premier et plénipotentiaire de la création. Cette
capacité de reprendre, voire de racheter, le monde et son passé dans
un récit régénérateur dont il est le maître d'œuvre est l'une des expressions ultimes de la liberté dont dispose l'humain à l'égard des forces
anonymes de la nature et de l'histoire qui pèsent sur lui. Refuser d'interpréter le monde dans un récit qui donne à celui-ci un sens porteur
et ainsi de faire œuvre de réparation, c'est, pour l'homme, se dépos-
séder consciemment de sa prédisposition à la liberté. C'est également
abandonner la possibilité qu'il a de vaincre à la fin la férocité ou la
banalité du mal. C'est enfin rejeter l'obligation qui lui incombe de se
transformer à son tour en un créateur et d'assurer au monde un devenir heureux à partir d'une position d'espérance.

Cette dernière idée, soit pour l'homme de se transformer en un
créateur afin d'assurer au monde un devenir heureux à partir d'une
position d'espérance, n'est pas non plus contraire à la démarche scientifique.

Le projet de connaissance des sciences sociales, tout en étant
animé par le souci impérieux de rendre compte des faits et de les restituer dans leur exactitude ou leur vraisemblance, ne s'épuise pas en

effet dans une quelconque acceptation béate de ces faits comme normalité. Au contraire, il est du devoir du chercheur de viser au dépassement critique de ce qu'il observe, enregistre et décrit de manière à poser les conditions d'un avenir meilleur.

Certes, il ne s'agit pas, comme l'écrivait ironiquement Mona Ozouf pour bien marquer la distance la séparant des excès de l'orthodoxie de notre temps, de redresser par une histoire « bien faite » ce que le passé « mal fait » a produit — corps souffrants, esprits tordus, cœurs esseulés, vies misérables. Il est en effet une ténacité intraitable de la factualité qui ne saurait être récusée par un malaxage habile des vérités de faits. En revanche, il faut résister à cette vue démissionnaire de l'esprit qui veut que le passé soit forcément clos et révolu. Il importe au contraire, ainsi que Paul Ricœur l'écrivait dans son œuvre maîtresse : *Temps et récit,* de redonner vie aux potentialités non accomplies du passé, c'est-à-dire, au sens où nous l'entendons, de savoir construire l'avenir grâce au capital de bonté accumulé dans l'aventure humaine par les hommes et les femmes de bonne volonté.

Cette obligation de réfléchir sur l'expérience historique, dans une double perspective de vigilance et d'espérance, est ce que nous assimilons à l'acte de penser. Penser exige en effet de dépasser la nécessité apparente du donné pour revenir, en l'interrogeant, sur le sens de l'action humaine. Sous ce rapport, penser apparaît comme un acte de résistance contre le temps indifférent et le flux intarissable des contingences de l'existence.

Pour nous en tenir à l'objet du présent livre, penser est — ou serait — ce qui permettrait à l'homme de faire face et de résister aux forces du passé infini et du futur indéfinissable en pratiquant, dans l'intervalle de l'instant présent où il se tient, une brèche qui le libérerait éventuellement de l'héritage et du pronostic sans le désolidariser de la cause des anciens ni de celle des descendants.

Au fond, penser est une manière de (re)problématiser la vie. De ce point de vue, il s'agit d'un acte intimement lié à une éthique de l'action qui n'est d'ailleurs pas incompatible avec la position d'objectivité.

Le constat découlant de cette courte argumentation est clair : le lieu incontournable, indispensable, de l'intellectuel est celui qui le situe au cœur du rapport complexe et délicat, plein de tensions, existant entre le savoir et le politique. Il ne saurait y avoir de pratique scientifique qui soit définie hors d'une interpellation politique et morale positivement endossée par l'interprétant et médiatisée par une éthique collective de la responsabilité.

Assumer la fonction du narrateur adoptant une position d'objectivité consisterait donc, pour l'intellectuel, à inscrire sa quête de sens dans l'espace narratif balisé par la rigueur, par l'espérance et par le dialogue.

C'est avec en tête cette inspiration tout à la fois généreuse et périlleuse, soit de raconter le monde et le passé du monde de manière responsable dans la perspective de construire un avenir meilleur et porteur pour les héritiers, et ce, sans jamais cesser de converser avec les ancêtres, que nous entendons nous pencher sur cette délicate mais impérative question — dont les implications et les ramifications intéresseront tous ceux qui réfléchissent sur les rapports entre la mise en sens du passé, l'écriture de l'histoire, le mode du souvenir et la production des raisons communes — de l'avenir de l'histoire et de la mémoire chez nous.

Se souvenir d'où l'on s'en va

L'histoire et la mémoire
comme reconnaissance et distance[*]

Se souvenir et devenir. Le titre du rapport du Groupe de travail sur l'enseignement de l'histoire était pourtant inspirant[1]. Il renvoyait en substance à cette question incontournable qui hante toutes les sociétés où le processus de réflexion collective peut s'épancher à souhait dans l'arène publique, ce qui est certainement le cas au Québec : quelle histoire pour quel présent et, surtout, pour quel avenir ?

Les réactions au rapport furent nombreuses et diverses, allant des moins critiques aux plus misérables.

Pour certains, le contenu du document était une offense à la mémoire, à l'histoire et à la destinée du peuple québécois en ce qu'il niait pratiquement la centralité du fait français dans la construction de la représentation du groupe[2].

Pour d'autres, le rapport ouvrait précisément la porte — par souci de rectitude politique, par conviction, par sagesse ou par discernement,

---

[*] Texte repiqué avec la permission des Duke University Press.

à moins que ce ne fût pour toutes ces raisons ensemble — à la remise en cause d'un récit en particulier du passé québécois, celui qui met en scène les irréductibles protagonistes, héritiers de Lord Durham d'un côté et descendants des Cartier, Montcalm, Papineau et consorts de l'autre, d'une joute qui n'en finit pas et qui, semble-t-il, ne peut pas finir[3].

Pour d'autres encore, l'intérêt du rapport était de nature plus prosaïque. En recommandant d'accroître le nombre de cours d'histoire à tous les niveaux du parcours scolaire et en plaidant pour une amélioration sensible de la formation des maîtres, les auteurs du document, dans la mesure où ils seraient entendus par le gouvernement — ce qui est maintenant fait! — coupaient court au processus rampant de marginalisation de l'histoire dans l'éducation des jeunes. Ils ouvraient de même la vanne des emplois pour les titulaires de diplômes dans ces domaines avec, en prime, la possibilité d'une revalorisation de la fonction professionnelle et du statut social des enseignants. Enfin, ils plaçaient les apprentissages historiques au centre de la formation civique des élèves, ce qui était une bénédiction pour plusieurs intervenants scolaires.

On comprend l'accueil enthousiaste qui, dans ce contexte, fut réservé au rapport par bien des gens susceptibles de bénéficier des avis s'y trouvant.

Dans ce petit article, nous n'entendons toutefois pas revenir sur les recommandations du comité Lacoursière non plus que sur le diagnostic que ses membres établissaient de la situation de l'enseignement de l'histoire dans la province.

Ce qui nous intéresse est d'un autre ordre, probablement plus fondamental. Le problème qui est au cœur de notre interrogation, et pour lequel le document du Groupe de travail sur l'enseignement de l'histoire offre un prétexte remarquable, touche plutôt à la relation que les Québécois d'héritage canadien-français entretiennent avec leur passé, un passé réputé douloureux, plein d'épreuves et de sacrifices et qui, apparemment, commande un souvenir impérissable de tourmente exigeant réparation ou rachat.

C'est en effet par le souvenir d'un passé éprouvant, parfois navrant, que ces Québécois médiatisent généralement leur rapport au monde, aux « autres » et à eux-mêmes[4].

Mais l'on vit maintenant. Que faire de cet accablement historique érigé en mémoire collective chapeautant la réflexion sur l'avenir? Comment conjuguer au présent et au futur la mémoire d'hier? Comment se comporter envers les ancêtres et, surtout, comment honorer leur legs dans la perspective d'édifier un horizon viable pour demain? Comment construire l'avenir sans oublier le passé mais en refusant de s'y embourber?

Ces questions, les historiens, voire les intellectuels en général, s'y sont peu attardés au Québec[5], peut-être parce que la manipulation de tout ce qui touche à la mémoire et à l'oubli — nous reviendrons longuement sur ce mot difficile — est un exercice on ne peut plus délicat dans cette société qui vit aux prises avec l'inspiration, parfois la tutelle, de sa devise.

Pareilles interrogations ne devraient pourtant pas effrayer ceux qui lorgnent vers demain. Malgré leur caractère épineux, celles-ci restent en effet imparables pour quiconque cherche à sortir des apories d'une mémoire et d'une histoire collectives qui projettent une ombre désespérante sur l'avenir alors même qu'elles devraient être les sources d'une motivation à s'élever toujours plus haut dans la conquête de lendemains meilleurs.

Le devoir de mémoire

On peut bien considérer le rapport du Groupe de travail sur l'enseignement de l'histoire comme un document à portée essentiellement technique visant à éclairer la lanterne de bureaucrates avides de diagnostics et de prescriptions. Il n'en est rien. Par certaines de ses recommandations, le contenu de ce rapport touche à la « matière » centrale de l'identité collective des Québécois d'héritage canadien-français, et ce, de deux façons au moins.

Il l'effleure d'abord dans la mesure où ses auteurs reviennent — de manière indirecte et subtile, mais tout de même évidente — sur la nécessité de dissocier histoire et prédication patriotique, ce qui, aurait-on pu croire mais à tort semble-t-il, était effectif depuis la publication du rapport Parent dans les années 1960[6]. En clair, si l'apprentissage de l'histoire est déterminant dans l'acquisition d'une conscience civique et d'une identité raisonnée, il est surtout, Fernand Dumont l'avait déjà signalé, « un moyen de rappeler à l'homme sa liberté de lire son histoire et de la faire aussi[7] ». Avis aux patriotes de la québécitude…

La deuxième façon par laquelle le groupe de travail aborde la question de l'identité québécoise tient au fait qu'il propose de tenir compte davantage de la présence des communautés culturelles, des populations autochtones et de la communauté anglophone dans l'enseignement de l'histoire, de même que d'amener l'élève et l'étudiant à s'ouvrir encore plus à la réalité mondiale.

Convaincus que la conjoncture actuelle exige une réorientation des programmes d'histoire, les membres du groupe de travail invitent en effet le ministère de l'Éducation, dans l'élaboration des prochains programmes d'histoire, à admettre que le Québec est, depuis longtemps, une société pluraliste et, dès lors, à faire en sorte que la trame du grand récit collectif soit modifiée en conséquence, c'est-à-dire que les programmes accordent aux communautés culturelles une place équitable au regard du rôle qu'elles ont joué dans l'histoire de la province.

Les auteurs souhaitent également, en concordance semble-t-il avec les préoccupations et les besoins du milieu, que, à l'intérieur du tronc commun des programmes d'histoire, y compris l'histoire (nationale) du Québec, on puisse interroger le passé autrement qu'à partir des matrices canoniques habituelles que sont l'histoire de la civilisation occidentale, l'histoire des hommes, l'histoire de la communauté francophone, l'histoire politique, et ainsi de suite.

Le texte du rapport ne va pas plus loin. Mais plusieurs observateurs, visiblement incommodés par ces positions, ont cherché à lire entre les lignes et découvert des vices à l'esprit et à la lettre du document.

Ils ont ainsi conclu que le comité Lacoursière, en insistant sur l'opportunité de sortir des sentiers battus relativement au récit proposé de l'histoire du Québec, posait les conditions d'une déconstruction, d'une dissolution et, pour tout dire, d'un révisionnisme inacceptable de ce récit, ignorant cette vérité fondamentale et fondatrice de l'histoire nationale du Québec, à savoir qu'il s'agit d'une histoire houleuse dominée par la relation tumultueuse, intarissable de différends et de conflits, entre les anglophones et les francophones. Comme si tous les processus d'institution de la société québécoise se réduisaient à la question nationale…

Ces mêmes analystes parvenaient à un second constat, soit que le comité Lacoursière, en prônant l'idée du pluralisme culturel de la collectivité québécoise, entendait rabaisser les francophones du Québec au rang de second violon dans leur propre histoire et leur propre société, ce qui était inadmissible et politiquement suicidaire, car, ajoutaient-ils, nier que le Québec, par sa majorité francophone, forme une nation à part entière, c'était non seulement refuser une réalité objective, c'était aussi diluer l'identité québécoise dans la mosaïque canadienne, c'était ignorer la tourmente historique d'un peuple — « majorité traitée comme une fraction marginale » —, c'était encore, ignominie *ultissima,* récuser le droit d'un peuple à exister pour lui-même et à se désigner par son nom propre, par son nom historique[8].

D'où, probablement, le titre d'un article à vocation de réprimande écrit par Josée Legault — « Histoire d'exister[9] » — qui allait déclencher une avalanche de critiques contre le rapport, mais aussi de répliques aux voix éplorées.

Dans l'esprit de la chroniqueuse alarmée et de ses épigones, « Histoire d'exister », cela voulait dire bien des choses — des choses, évidemment, que le comité Lacoursière n'affirmait pas ou sur lesquelles il n'insistait pas suffisamment. Il était donc urgent de reprocher publiquement aux auteurs du rapport leurs oublis ou, ce qui revient au même dans ce cas-ci, leur refus supposé d'endosser la problématique historiale et mémorielle des Québécois d'héritage canadien-français. Celle-ci allait être rappelée de manière admirable par André Turmel dans un article où il s'en prenait résolument, au regard d'un dossier qui ne nous intéresse pas en l'occurrence, à un collègue universitaire qui, selon lui, avait dépassé les bornes de la bêtise argumentative dans sa charge émotive contre le parti pris nationaliste supposé des intellectuels (franco-)québécois[10].

La remontrance de Turmel, *ideal typus* d'un prêche qui revient souvent dans le discours politique québécois sans toutefois le recouvrir[11], mérite d'être citée au long :

Il m'apparaît que les intellectuels organiques du fédéralisme dont vous êtes avec vos amis se sont attaqués à la redoutable tâche de fournir au quarteron des derniers croyants que sont les gens d'affaires, les anglos, les autochtones, les barons des communautés culturelles et les fédéraux outaouais l'argumentaire et la logique qui commencent à leur faire si cruellement défaut. Mais il est minuit moins cinq, [monsieur].

Ce qui nous sépare radicalement de vous, c'est la mémoire. Mieux, le devoir de mémoire. Nous nous souvenons, entre autres choses, de l'expulsion des Acadiens, des 92 résolutions de 1834, des 12 pendus de 1838, de l'Acte d'Union de 1840, de la pendaison de Riel en 1885, de l'abolition du système scolaire francophone en 1890 au Manitoba, de la conscription, d'Asbestos, de Gordon, du rapatriement unilatéral de 1982, de Meech, de ce qu'on disait à René Lévesque lors de la nationalisation de l'électricité : « Do you think that you people can manage Shawinigan ? » Nous sommes habités par cette mémoire et demeurons fidèles à ceux et celles qui voulurent bâtir ici une société différente de l'américanité triomphante. La primauté du droit que nous avons connue n'est pas la plus démocratique. C'est peut-être pour cela que la « démocratie québécoise » que vous caricaturez avec hargne fait « droit » au peuple. Un peuple qui n'a pas perdu la mémoire.

Dans cet extrait, tout est dit explicitement et plus crûment qu'ailleurs. Pour exister maintenant et demain, les Québécois ont pour devoir de se souvenir de leurs misères, de porter à leur tour la souffrance des anciens, une souffrance immémoriale stigmatisée par autant d'événements tragiques. Comme si le passé canadien-français puis franco-québécois n'était fait que d'empêchements. Comme si le « roman national » de ce groupement ne pouvait être articulé qu'autour de griefs.

Plus encore, les Québécois ne peuvent échapper à ce legs d'infortunes et de mépris de la part des autres qu'en se refondant comme nation souveraine, qu'en révolutionnant la nature historique de leur rapport aux autres. Il est, semble-t-il, un impossible oubli dans la mémoire collective des Québécois, et c'est celui d'avoir été les victimes de l'autre. Ne pas admettre et assumer ce fait structurant du récit de soi, hier, aujourd'hui et demain, c'est provoquer consciemment, dans le corps du sujet collectif, cette terrible maladie inhérente à la rectitude politique et au révisionnisme de notre époque, soit l'amnésie aliénante et négatrice de soi, c'est-à-dire le refus de se reconnaître et de se dire tel que l'on fut, tel que l'on est et, apparemment, si rien n'est changé, tel que l'on sera, à savoir un indéfectible perdant prisonnier de cette pitoyable formule : « À la prochaine… ».

Les fatigues de l'inconsolable endeuillé

Endeuillé pour toujours, le Québécois, ou désireux d'échapper à cette prescription mémorielle : « Je me souviens », qui inspire son rapport au monde ? Que faire de cette devise qui rappelle constamment au porteur de la plaque (d'immatriculation) qu'il doit se souvenir de ce qu'il est pour ne pas sombrer, peut-être, dans cette dialectique postmoderne tout à fait vicieuse qui veut, comme le rappelait ironiquement Victor-Lévy Beaulieu, « que l'on trouve ce qu'on est à partir du moment où on l'oublie[12] » ?

Dans son documentaire intitulé *Le Sort de l'Amérique,* sur lequel nous reviendrons spécifiquement dans ce livre, Jacques Godbout s'attaquait à cette même question, pris au piège entre l'héritage mémoriel particulièrement lourd à porter de son père mourant (« Mais n'oublie pas, Jacques, que les Anglais ont brûlé nos fermes, ont brûlé nos maisons ») et le souvenir historique faiblard de ses enfants et petits-enfants (« Mes enfants, mes petits-enfants encore moins, tu comprends bien, les plaines d'Abraham, ils s'en tapent, ils sont dans les jeux Nintendo. Ils sont pas en train de se poser des questions sur les Anglais, les Français en formation, qui a tiré sur qui ? »), ce qui lui faisait craindre le pire à propos de la mémoire à venir des siens tout en le laissant complètement désarmé, semble-t-il, devant le drame mémoriel en train de se jouer (« Étrangement, les plaines d'Abraham c'est devenu un mythe […] qui a fondé le Canada, puisque les deux généraux [Wolfe et Montcalm] sont allés mourir en même temps. Parce qu'il y a deux héros, étrangement. Il n'y en a pas un qui domine l'autre. Et c'est cette tension entre les Anglais et les Français qui fait le pays. Et si cette tension disparaît parce qu'on en oublie l'histoire, qu'est-ce qui arrive[13] ? »).

Au terme de son film, Godbout, on s'en doute bien, n'aura pas trouvé de réponse, c'est-à-dire qu'il aura évité de s'en tenir au credo admis, ce qui fera enrager ses contradicteurs mais libérera néanmoins, *par défaut,* le champ de la mémoire de demain d'un rapport d'assujettissement à celle d'hier.

Or, le défi que doivent relever les Québécois n'est pas d'opter pour une mémoire fondée sur la démission ou le mépris envers le passé. Ce défi est plutôt de discerner ce qui, dans l'ayant-été, doit être réassumé ou désassumé au nom des valeurs et des contextes du présent. Au chapitre de la mémoire, c'est en effet l'avenir qui doit être dans la mire des contemporains. À défaut de quoi ceux-ci restent d'éternels endeuillés, incapables de s'extirper des échos du passé, un passé qui leur pèse à ce point qu'ils n'arrivent bientôt plus à envisager de nouvelles solutions aux histoires dans lesquelles on les a empêtrés, des histoires qu'ils ont apparemment, en tant que fiduciaires d'un legs mémoriel, le devoir de prendre en charge pour la postérité, *ad vitam aeternam…*

C'est sur cette obligation de fiducie, voire de fidélité, des héritiers envers les ancêtres, envers le passé, envers le destin pronostiqué peut-être, que nous aimerions maintenant nous pencher en essayant de faire ressortir de quelle manière et jusqu'où elle a valeur contraignante. Essentiellement, il s'agira de s'attaquer à la question suivante : comment se souvenir en oubliant et comment oublier en se souvenant, avec en tête l'idée que, à la fin, la tension entre l'ancien et le nouveau doit être résolue au bénéfice de l'avenir. Pour permettre aux héritiers d'avancer et de vivre, le passé doit être en effet tremplin et source de motivation. Surtout, il doit se faire rappel positif, sans quoi il devient fardeau écrasant ou *spleen* paralysant. Le rôle de la mémoire, on l'oublie souvent, est d'enrichir l'expérience, non pas de retarder l'action.

L'art d'hériter

Qui n'a pas entendu prononcer cette formule emblématique et universelle, apparemment pleine de sagesse et incontestable par sa logique : « Le rejet du passé laisse démuni » ? A-t-on déjà pensé que son contraire : « Le rappel du passé laisse démuni » était dans bien des cas potentiellement tout aussi juste ? À vrai dire, le rejet du passé comme son rappel intégral constituent pour les contemporains, c'est-à-dire pour les héritiers d'un monde précédent, deux modes insatisfaisants d'encaissement et d'assomption de ce qui fut.

Rejeter le passé, c'est en effet favoriser l'avènement d'un anonymat destructeur, c'est poser les conditions d'une dérive possible du sujet vers un *nowhere* aliénant. Si l'utopie cosmopolite — n'être de nulle part et toujours se situer dans l'ailleurs, en transit entre deux zones franches — est sans contredit l'objet d'une quête enivrante de la part des nouveaux « mondialistes », il faut bien admettre que, pour la très grande majorité des gens, l'idée d'être « citoyen du monde » ou « mutant ultime de l'évolution humaine », c'est-à-dire éprouver un sentiment d'appartenance qui soit sans bord et sans limite du point de vue du lieu et de l'histoire, demeure une espèce d'impossible, voire un projet carrément effrayant. Être dit, par un autrui significatif, reste en effet une perspective réjouissante pour plus d'un sujet craignant d'affronter, sans repère et sans guide, les angoisses de la quête introspective, la confusion de l'univers et l'incertitude de l'avenir.

Pour la plupart des personnes, l'espace illimité, d'une part, et le temps infini, d'autre part, forment des agrégats anonymes de référence. Elles y trouvent absence et solitude, donc désert, plutôt que présence et complétude, c'est-à-dire justification d'exister et possibilité d'être. Pour ces gens, le rappel du passé — ou, ce qui revient au même, le fait de se sentir liés ou en rapport avec une continuité, un lieu historique et spatial *situé* — est libérateur d'insignifiance et de banalité. Il leur donne l'impression d'avoir été choisis, c'est-à-dire d'être sortis de l'indifférence et de l'obscurité. Si le rappel du passé est, pour le sujet, source de complétude avec autrui, procédé de synthèse de soi et moyen de trouver du sens, le rejet du passé devient proprement impraticable puisqu'il entraîne la diminution et le dépouillement de l'homme, ce qui est une tragédie.

On l'a dit et répété sur tous les tons : il faut être citoyen de quelque part pour donner un sens au voyage, il faut posséder un terroir local pour mettre en perspective l'altérité. La morale de cet adage est claire : il apparaît important d'être conscient d'où l'on vient pour éviter de se dissoudre dans le « dévidoir du destin des hommes », pour échapper à la négation de soi dans la désolation. « À la liberté il faut un monde », écrivait avec pertinence Alain Finkelkraut dans un ouvrage récent[14].

Cela dit, on aurait tort de croire que le rappel du passé n'est que libérateur. Au contraire, il peut entraîner l'obscurantisme du sujet dès lors qu'il devient domination, par les ancêtres, du monde des vivants.

Que faire en effet d'une devise aussi puissante par ses effets suggestifs que celle qui balise l'identitaire québécois : « Je me souviens » ? L'accepter comme un ordre solennel provenant des pères ou s'en défaire comme d'un héritage gênant ? Quelle est la nature du lien que l'on doit établir avec les anciens pour, à la fois, respecter leur mémoire et conquérir une place bien personnelle dans l'évolution des choses ? Comment les héritiers doivent-ils configurer leur sentiment d'histoire, c'est-à-dire se situer par rapport à une certaine continuité mémorielle, sans par ailleurs hypothéquer la possibilité d'explorer de nouveaux territoires identitaires ?

Il n'y a pas de réponse simple à ces questions universelles et éternelles. Il est cependant quelques propositions qui nous semblent raisonnables et propres à faire endosser l'apparente irréconciliation des forces du passé et du futur dans l'aménagement du présent. Nous disons bien endosser, car le processus de réflexion menant à l'aménagement recherché, qui fonde et qui forme finalement la conscience historique des sujets vivants et pensants, commande en fin de compte que l'on fasse un choix. On ne peut en effet à la fois embrasser et rejeter le passé ; ou alors, il faut dépasser l'aporie en posant le problème d'une manière différente. La proposition suivante est intéressante à cet égard : « Honorer ses ancêtres, c'est se responsabiliser devant l'avenir. »

L'invite de cette formule est claire. Pour les héritiers, il ne saurait être question de s'enfermer dans un univers d'*inoubliable* tout entier contenu dans cette injonction accaparant et oblitérant l'avenir : « Souviens-toi ! » Il faut en effet penser que, dans ce cas, la vie des descendants, d'une part, et leur horizon d'attente, d'autre part, consisteraient à porter le fardeau d'une mémoire qui agirait sur leur action présente et prochaine comme une tutelle pesante, voire indépassable. À quelque égard que ce soit, on ne peut envisager de legs qui anéantisse autant l'avenir. Or, les héritiers ont la vie devant eux. S'ils entendent être, tout à la fois, fiduciaires et responsables d'un héritage dont ils sont redevables à leurs ancêtres et qui contribue objectivement[15], sinon positivement, à les définir sur le plan identitaire, il n'en demeure pas moins que leur mission historique — si tant est que l'on puisse encore user de ces mots à consonance de transcendance qui font rejet de nos jours — est de renouveler la problématique du groupe de manière à trouver leur voie et à quérir leur sens. Sans cette volonté et cet effort de renouvellement, l'avenir est condamné à n'être qu'un éternel retour, comme pris au piège d'une sommation fondatrice. Pour vivre, il est nécessaire de s'affranchir du passé, ce qui ne signifie pas, loin de là, qu'il faille répudier l'ayant-été ou faire fi de la reconnaissance qui est due aux anciens. Mais il importe d'être critique envers la tradition et, à travers elle, envers l'héritage qui n'est jamais testament.

Par « être critique », nous entendons ici se distancier réflexivement, dans l'optique de la construction d'un avenir ouvert et par sympathie envers la cause des descendants, des servitudes consciemment ou involontairement créées par les anciens. Comme l'écrivait pertinemment Fernand Dumont — bien qu'avec une intention argumentative sans doute différente de la nôtre : « Les traces du passé, il est loisible d'y voir des témoignages dont on se sente solidaire sans nécessairement s'y identifier tout à fait et dont on témoignera à son tour ; si on les récuse, ce n'est pas parce qu'ils n'auraient pas existé, mais parce qu'ils contredisent les valeurs que l'on a élues dans la conduite de sa vie [présente][16]. » Autrement dit, le recours à la tradition et l'engagement envers la continuité des choses, de manière que tout ne soit pas toujours qu'instant éphémère, dépendent d'abord de la recherche de sens, des desseins et des refus de ceux qui vivent. Par un retournement mémoriel orchestré en faveur de l'avenir, ce sont les anciens qui doivent être solidaires des projets des contemporains, et non l'inverse.

Cette idée d'une solidarité pour le bénéfice de la descendance doit être clarifiée. Dans notre esprit, solidarité implique ici responsabilité des ancêtres et des héritiers l'un envers l'autre sur la base d'une espèce d'amitié, d'hospitalité et de générosité intergénérationnelle.

Loin de nous cette conception voulant que les descendants disposent d'une licence complète envers les anciens et puissent à leur guise « jeter le bébé avec l'eau du bain », c'est-à-dire se débarrasser d'une présence antérieure, faire en quelque sorte *tabula rasa* du passé. En pratique, les héritiers ont, au regard de leurs pères, la charge particulièrement lourde de faire fructifier un legs initial, c'est-à-dire de tirer parti de l'apport des ancêtres en vue d'accroître le bénéfice accumulé de bonté. Nous parlons ici de bonté dans le sens de ce qui enrichit, de ce qui est profitable au devenir humain, de ce qui ouvre l'horizon plutôt qu'il ne le ferme, de ce qui est admirable et illumine l'obscurité. Toute génération engendre son lot de bontés et de nocivités. La responsabilité des héritiers est précisément de profiter du capital de bonté amassé par les anciens, d'en faire le point de départ de leur quête particulière et de chercher à leur tour à l'augmenter pour le bénéfice des descendants. Dans l'opération de conversion du capital accumulé en nouveau capital de bonté — opération qui repose sur une démarche de réflexion éminemment critique débouchant nécessairement sur de difficiles questions d'éthique et de morale collective —, il y a perte et gain de sens.

Si l'on ne peut douter que, d'une génération à l'autre, le sens passe au moins en partie — c'est-à-dire que l'héritage du passé marque objectivement, à défaut d'être subjectivement repris par les descendants, la construction du présent —, ce sens se transforme néanmoins lui-même au profit des besoins nouveaux, imprévisibles pour les ancêtres, entraînés par l'édification du présent. À vrai dire cette transformation est même cruciale. Elle est l'essence de la transmission intergénérationnelle dont la finalité ultime est l'avancement de la cause et du genre humains. En clair, l'héritier peut bien être proche de ses pères et s'inspirer de leurs valeurs et de leurs actions, son questionnement et ses décisions n'en restent pas moins déterminés par l'actualité du présent telle qu'il est en mesure d'en saisir la complexité, et ce, en cherchant à ne pas (trop) obscurcir l'avenir. D'où l'idée voulant que l'amour des anciens soit conscience des héritiers envers ce qui s'en vient.

La responsabilité des ancêtres est quant à elle double : elle consiste évidemment — mais il s'agit là d'un défi fort ardu à relever compte tenu des contingences, des incertitudes et de la complexité de la vie réelle — à produire de la bonté plutôt que de la nocivité. Elle est aussi de savoir mourir, c'est-à-dire de s'abstenir de conclure l'histoire dans laquelle ils se sont eux-mêmes inscrits et investis à titre d'acteurs. Les ancêtres ont en effet pour obligation de laisser les héritiers en prise sur leur destin[17]. Ils doivent envisager leur disparition ou leur mort comme un moment de rachat ou de libération. C'est d'ailleurs ce que nous enseignent certains dogmes dont on a maltraité la sagesse. La mort est rachat et libération, car elle permet à l'avenir d'avoir effectivement lieu sans qu'il soit hypothéqué par le passé. En un sens, la mort est don de soi *pour* la descendance, elle est justice devant la vie et *pour* elle. Mourir c'est en effet, selon le cas, emporter ses tourments et dégager les survivants des malheurs du passé, ou bien ensemencer l'avenir des bontés accomplies pendant sa vie. À défaut d'être libératrice, la mort est insignifiante et sans conséquence — comme la vie a pu l'être auparavant — ou, ce qui est beaucoup plus grave, elle est usurpatrice d'avenir.

Là réside d'ailleurs en partie le drame des Québécois d'héritage canadien-français comme groupement mémoriel et historial. Ceux-ci, inspirés par leurs grands intellectuels — savants et poètes par trop nostalgiques d'une refondation apparemment manquée ou continuellement reportée des leurs —, ont en effet tendance à se souvenir de ce qu'ils ont fait de mal ou du tourment qui leur a été causé, de ce qu'ils n'ont pas fait ou de ce qu'ils auraient pu faire, plutôt que d'insister sur ce qu'ils ont fait ou font de bien et de bon. En pratique, ces Québécois portent leur passé comme une croix. Pour eux, malgré ce que leur affirment maintenant haut et fort bien des historiens[18], le passé est un terreau de réminiscence affligeante et désolante plutôt qu'un prétexte à rappel positif. Pis encore, les Québécois d'héritage canadien-français gardent cette manie de percevoir leur progrès comme le prélude à un dérapage prochain plutôt que comme une manifestation convaincante de leur succès[19]. Empêtrés dans une inconsolable tristesse découlant de leur prétendue condition de « rebelles manqués[20] », ceux-ci n'arrivent pas, ou arrivent mal, à sortir d'un imaginaire de sinistrés et d'une mentalité de créanciers. Pour grandir, leur a-t-on dit et leur répète-t-on encore, il faut souffrir. Entre l'identitaire « ancien » des Canadiens français et l'identitaire réputé « nouveau » des Québécois tributaires de cet héritage, il existe en fait autant, sinon plus, de continuités que de ruptures. Voilà pourquoi le passé, plutôt que d'être une source de motivation et d'espérance, demeure pour la majorité d'entre eux le lieu d'une insupportable aliénation dont ils ont été victimes et qui demande réparation.

Or le passé, c'est-à-dire le résultat de l'action des ancêtres, est un capital que les contemporains doivent se mettre en position d'exploiter, un patrimoine sur lequel ils doivent prendre appui pour s'élancer vers l'avant dans la conquête de l'avenir. Comme l'affirmait encore Fernand Dumont, « il importe de discerner ce qui, dans le passé, mérite d'être réassumé [et, ajouterions-nous, ce qui mérite aussi d'être désassumé] au nom des valeurs du présent ». Sinon, la mémoire devient nostalgie, ressentiment, ou, pis encore, elle engendre l'empêchement.

Les termes « réassumés » et « désassumés » sont ici importants puisqu'ils impliquent, dans le cas du souvenir (le passé réassumé), un rappel actif et conscient, donc sélectif, de l'ayant-été destiné à en prolonger la portée positive et à favoriser la primauté du bien (ou des bontés) sur le mal (les nocivités) dans la construction de l'avenir. Dans le cas de l'oubli (le passé désassumé), l'amnésie libératrice consiste moins à taire, à négliger, à répudier ou à effacer ce qui fut qu'à désactiver le mal (ou les germes de nocivités) de manière à amnistier l'ayant-été, à se dégager de ses fureurs indélébiles et à libérer l'avenir de ce qui pourrait l'empêcher d'éclore sous la forme d'un « renouveau ».

On ne le répétera jamais assez : le choix mémoriel est affaire incontournable de morale collective et de culture politique qui s'effectue en fonction des enjeux et des défis du présent. Ce choix est ce que l'on appelle autrement le travail de deuil. Celui-ci est à la fois sélection, intériorisation, réappropriation et réactualisation du passé. Il est la transformation du passé en un héritage d'espoir. Par la transformation du passé en mémoire, le travail de deuil assure la survivance de valeurs positives projetées vers l'avenir. En pratique, l'opération de deuil constitue rien de moins qu'un acte refondateur et régénérateur permettant de passer à autre chose. Le travail de deuil n'est ni quittance ni renoncement, mais bien production de sens *pour* la vie et *pour* l'avenir.

On comprendra que la motivation du choix mémoriel n'est pas de réduire ici le passé au silence, mais de tirer de ce passé un capital sur lequel bâtir positivement l'avenir en tenant compte honnêtement de la situation marquant la vie des contemporains. À défaut de cette quête de valeurs positives, le présent reste inexorablement dans l'ombre d'un passé sécrétant ses mémoires funestes. Il est en effet des mémoires qui laissent impuissants les héritiers, des mémoires qui « vampirisent » l'avenir, des mémoires qui vainquent l'ardeur et l'ambition des contemporains. Or, le passé ne doit en aucun cas être facteur d'écrasement ou éteignoir d'avenir pour les descendants. On n'aménage pas une maison en fonction de l'objet hérité. C'est plutôt celui-ci qui, placé dans son nouveau contexte, sera réinvesti d'un sens qui perpétuera la présence de l'hier dans la construction du demain. Il en est de même quand on hérite de la maison au complet : si cette maison n'est pas rénovée, elle devient vite cercueil pour ses habitants. À défaut de renouvellement, le temps s'empare du bâti et le désintègre. Il l'entraîne dans la dégradation cumulative et désespérante. La rénovation n'est pas trahison du passé, elle est remise à jour de l'ancien en fonction des défis et contraintes du présent, ce qui assure pérennité au vieilli. Ce sont les enjeux du maintenant qui doivent déterminer les usages de l'ancien. Sans récupération dans le présent, on l'admet facilement, l'ancien meurt à tout jamais et cela est certainement déplorable. Sans passé, le présent risque inévitablement de dériver dans l'*absens*. Mais, s'il recouvre entièrement le présent, le passé l'entraîne dans la spirale de la répétition vicieuse. D'illustres penseurs l'ont répété *ad nauseam* : il est un art d'hériter qui consiste à réactualiser ce qui est transmis dans le dessein de le conserver. C'est à cette condition seulement que l'héritage devient facteur de liberté.

D'où cette proposition selon laquelle l'histoire et la mémoire doivent être tout à la fois reconnaissance et distance. Nous entendons par là que le rapport des héritiers envers le(ur) passé ne peut être que celui d'un affranchissement relatif. Sans cette émancipation salutaire, qui est certainement un devoir tout aussi important que celui de respecter les ancêtres, les descendants n'auraient d'autre possibilité que de rester prisonniers d'un héritage d'*inoubliable* pesant sur leur destin comme une chape de plomb. Or, si les héritiers sont décisivement marqués par l'action précédente des ancêtres, l'histoire ne peut pas tenir lieu de leur être. En pratique, les sociétés s'élèvent d'ailleurs dans la (re)conquête insatiable du passé par les héritiers. C'est en effet dans cette libération du passé, qui procède d'une réflexion critique des héritiers envers l'agir de leurs ancêtres, que la société pose les conditions possibles de son dépassement et de son avancement dans l'action future des hommes, et qu'elle trouve aussi la capacité de produire des événements nouveaux qui scandent son évolution dans le temps. Dans l'action des héritiers et par elle, la société s'affranchit d'une mémoire qui autrement l'écraserait.

La perspective du « Je me souviens », telle qu'elle a été amenée ou exploitée dans les débats publics au Québec par un grand nombre d'intervenants soucieux de rappeler aux amnésiques présumés leur « devoir de mémoire », constitue dans ce contexte une option désespérante d'avenir pour les héritiers, une option aussi déraisonnable que celle de l'oubli pur et simple investi dans la formule « Je m'en vais » qu'une jeune Québécoise (jadis) politiquement déprimée, Hélène Jutras, avait proclamée haut et fort dans l'arène publique en provoquant chez les siens de fortes réactions[21].

Et décourageantes étaient effectivement les prises de position plus haut mentionnées ou citées des Legault et Turmel : décourageantes non pas par rapport à une position qui serait objectivement plus juste de la part d'autres débatteurs — l'évaluation des thèses en présence ne nous intéresse pas ici ; déprimantes parce qu'elles étaient entièrement tournées vers la réification de l'idée d'*inoubliable* comme matrice du sens collectif, comme legs à transmettre et comme horizon dans lequel se projeter. On sent cette même dépendance, ce même écrasement devant un impérissable passé dans le propos suivant de Serge Cantin :

> À la limite, je dirais qu'au Québec on ne choisit pas d'être nationaliste : on l'est par nécessité, celle que commande l'avenir de soi d'une nation à laquelle on se sait appartenir et dont on se reconnaît débiteur, nation qu'il faut être aveugle ou de mauvaise foi pour prétendre qu'elle n'est pas menacée. Nationaliste, on l'est donc aussi, n'ayons pas peur du mot, par devoir :

celui que les morts imposent aux vivants de se « réapproprier quelque chose de ce qu'ils ont senti afin de rendre un peu intelligible ce qu'ils ont vécu », selon la magnifique formule de Fernand Dumont[22].

Pareille perspective est évidemment inacceptable pour les descendants qui ont pour obligation de maintenir ouverte la possibilité du choix — ce choix fondamental dont nous parlions plus haut et que nous considérons comme étant l'expression même de la conscience historique du sujet pensant — et de lutter pour en conserver la maîtrise. C'est en se souvenant d'où ils s'en vont que les héritiers peuvent, probablement le mieux, réconcilier les dimensions passées et futures de leur présent.

L'apparente ambiguïté de cette formule traduit pourtant une position identitaire limpide : le passé ne peut être ce lieu que l'on habite éternellement, où l'on conçoit l'avenir et où l'on se réfugie pour faire face à l'assaut de la complexité et de l'incertitude du présent. Le passé doit être au contraire continuellement racheté dans l'action et le questionnement présent des contemporains, et ce, en vue de la construction d'un avenir ouvert.

Se souvenir d'où l'on s'en va, c'est précisément se livrer à cette opération de questionnement et de rachat. C'est s'adonner à un travail de deuilleur et non pas d'endeuillé. C'est cesser de remuer la sédimentation des pertes pour plutôt transformer la conscience de ces pertes en une source de créativité. Se souvenir d'où l'on s'en va, c'est se donner les moyens de penser le passé en le pansant, c'est y chercher un élan qui permette de dépasser les tourments anciens plutôt que d'y revenir constamment. Se souvenir d'où l'on s'en va, c'est réarticuler l'historicité des sujets et des groupes autour d'un principe structurant de l'agir collectif, celui de la mémoire comme reconnaissance et distance. Dans cette tension entre reconnaissance et distance se trouve d'ailleurs le lieu mémoriel — et identitaire aussi — de l'héritier avec et contre ses ancêtres. Un lieu qui témoigne de celui de l'homme lui-même dans la dualité de la conscience qui le constitue, irrémédiablement divisé entre le passé dont il assure la suite et l'horizon qui l'appelle indéfiniment, entre une présence qui ne peut le combler et une absence qu'il s'acharne inéluctablement à remplir[23].

L'historien comme pédagogue et relayeur

Il est donc possible, voire nécessaire, de désobéir aux appels et aux convocations du passé. Plus encore, la conscience historique est le produit obligatoire, incontournable, d'un choix de la part des contemporains. C'est d'ailleurs peut-être la vocation fondamentale de l'historien, outre d'éclairer la matière extraordinairement complexe du passé et de faire ainsi œuvre savante, que de provoquer, d'harmoniser et d'enrichir, à l'aune de la rigueur, de la nuance et de l'espérance, le processus réflexif menant à ce choix (re)fondateur qui sera possiblement émancipateur et rédempteur[24]. Du moins en faisons-nous la proposition.

Pour plus d'un observateur, l'historien a pour mandat principal d'empêcher les dérives insensées de l'homme en lui rappelant ses origines. Ce rappel est en quelque sorte le bagage dont il a besoin pour éviter d'être absorbé dans l'incertitude de l'avenir et par elle. Sans ce bagage salvateur, l'homme est réputé impuissant. Non seulement il n'a plus l'élan nécessaire pour avancer, mais il ne peut être que la victime malheureuse de l'Oubli, véritable Minotaure des égarés. Sans conscience historique pleine, l'homme est décidément reconnu inconscient. Il se noie dans les eaux du Léthé. Il évolue dans l'amnésie qui le mène inéluctablement vers les limbes.

Aliénant par cette amnésie sa capacité réflexive, l'homme ne peut dès lors que répéter ses bêtises, répondre aux chants des sirènes de l'éphémère et se saouler d'exils inconséquents. Sans conscience historique, l'homme ne vaut pas plus que l'animal lobotomisé. Dans son article classique sur la fonction sociale de l'histoire, publié en 1969, Fernand Dumont ne disait pas autre chose, fondamentalement inquiet qu'il était des ravages causés par l'emprise de l'idéologie technocratique sur l'univers des références historiques collectives et sur la construction du lien social. Une majorité d'auteurs ayant présenté un mémoire aux états généraux sur l'éducation[25] ou devant le comité Lacoursière, accablés par la même inquiétude, parlaient également, usant en cela d'un cliché à la mode, de l'histoire comme d'une nécessité pour combattre le spectre de l'oubli irréparable et régénérer la conscience — patriotique ou civique, c'était selon — des acteurs, les jeunes surtout.

Et si l'histoire, plutôt que d'amener les gens à se souvenir d'hier sans obligation de réfléchir sur l'héritage laissé, leur donnait les moyens de s'élever au-dessus du passé en jouant dialectiquement, de manière constructive et responsable, avec les non-dits et les rappels[26]?

Il est en effet des moments où le surplus de mémoire finit par faire croire en l'achèvement des choses, tarit l'espérance au lieu de l'activer et affaiblit la capacité, individuelle ou collective, de se projeter dans l'avenir.

C'est une telle situation qui prévaut maintenant jusqu'à un certain point au Québec. On a tort de croire en effet que la population en général et les jeunes en particulier — nous parlons ici des francophones d'héritage canadien-français — sont ignorants de leur histoire. Au contraire, ceux-ci connaissent tout à fait cette histoire au sens qu'ils maîtrisent le principe axial et la trame principale d'*un* récit du Québec et des Québécois, à savoir celui d'un peuple dont le destin fut tragique, qui fut longtemps arriéré, soumis au joug du clergé et à la domination des Anglais, et qui a réussi en partie à conjurer le terrible sort qui pesait sur sa destinée en se refondant par la Révolution tranquille, moment de grand *aggiornamento* collectif.

Il est fort possible, nous l'admettons sans réserve, qu'une forte majorité de gens, les jeunes peut-être davantage que leurs prédécesseurs — mais cela reste à voir —, n'en sachent pas plus sur leur histoire collective, surtout si on leur demande des détails précis, par exemple de contextualiser des événements et des personnages ou de les situer sur une ligne du temps. À cet égard, les exemples d'anachronismes ou de bêtises primaires, parfois comiques, parfois décourageants, abondent[27]. Mais il ne s'agit pas là d'un problème fondamental d'amnésie collective découlant d'une absence de connaissance historique. Le « trou de mémoire » diagnostiqué par bien des spécialistes qui voudraient entendre des réponses précises et justes à des questions circonstancielles procède tout simplement d'une fausse attente relativement au savoir historique que la masse des gens est susceptible d'assimiler. Ceux-ci, de toute évidence, connaissent ce que la collectivité (franco-)québécoise, grâce à la voix de ses médias notamment, estime important ou nécessaire de transmettre comme héritage mémoriel aux générations actuelles et futures.

S'il est difficile de savoir dans quelle mesure les gens endossent effectivement cette mémoire et s'en inspirent pratiquement ou politiquement, force est d'admettre néanmoins que son contenu passe largement. Qu'on en juge par ces bribes de dissertations d'étudiants au baccalauréat en histoire à qui l'on avait tout simplement demandé : « Présentez ou racontez, comme vous la percevez, comme vous la savez ou comme vous vous en souvenez, l'histoire du Québec depuis le milieu du XIXᵉ siècle jusqu'à nos jours. Vous pouvez structurer votre propos comme bon vous semble en insistant sur les éléments que *vous* jugez importants, nonobstant la façon dont on présente, raconte ou décrit habituellement l'histoire du Québec[28] » :

> • Pour moi, l'histoire du Québec est une suite ininterrompue de luttes pour l'obtention d'une société reconnue. L'histoire du Québec c'est une belle saga qui s'échelonne sur près de trois siècles.
> Toutefois, depuis le milieu du XIXᵉ siècle, le seul fait important selon moi, c'est la place tenue par les guerres. Même si elles sont représentatives de la société mondiale et de la lutte perpétuelle des « bons et des méchants », il faut également y voir la lutte des Francos et des Anglos qui fait rage depuis toujours.
> • Je vois l'histoire du Québec comme une constante rivalité anglophone/francophone. […] Par contre, j'aimerais insister sur le fait que l'histoire que je me fais du Québec est celle d'une prédominance anglophone sur les Québécois, au point de vue économique autant que politique. D'un respect des Américains au temps de la Première Guerre mondiale par les Québécois simples cultivateurs et menés par l'Église catholique. Bref, les Québécois ont toujours été dominés par un autre peuple, hésitant à prendre leur pays en main.
> • Je n'ai évidemment que très peu de souvenirs réels quant à l'histoire du Québec. La perception que j'ai toujours eue — et que je garde encore un peu, malgré les précisions des cours d'histoire du Canada — est celle d'un peuple arriéré, un peu inculte, dominé par la peur des tout-puissants ecclésiastiques, et qui évolue tant bien que mal de façon stable, jusqu'à 1960.
> • Je vois la Révolution tranquille comme notre réveil — notre « printemps des peuples » (beaucoup plus que 1837-1838) — qui a mis le Québec au

monde. Je sais bien que c'est un peu inexact, que les changements s'inscrivent dans la longue durée, et qu'ils ont donc commencé bien avant
1960, mais j'ai toujours eu cette perception que 1960-1966 était quelque
chose de capital. Après ceci, le développement a continué à se faire au
rythme des conjonctures.

[…] Enfin, j'ai toujours vu — peut-être était-ce dû à mes profs — le
Canada comme une interminable guerre entre Français et Anglais […].

• L'histoire du Québec a toujours été plus axée sur l'histoire politique que
[sur l'histoire] sociale. C'est l'histoire de la lutte des francophones pour
leur survie dans un univers anglophone. Toute l'histoire sociale tourne
autour de cela. C'est une lutte contre l'assimilation, une lutte pour l'auto-
nomie provinciale. [Sur le plan] économique, le Québec connaîtra un certain retard par rapport à l'Ontario. Une économie où l'agriculture est très
importante.

• Le Québec s'est urbanisé graduellement. Les Québécois étaient pauvres.
Beaucoup de Québécois se sont exilés aux États-Unis. L'économie était
contrôlée par les anglophones. Graduellement, les Québécois se sont affir-
més, ont perdu leurs complexes. Avec la Révolution tranquille, les Québécois se sont ouverts sur le monde, la société québécoise s'est moderni-
sée et s'est mise à l'heure de la planète.

• L'histoire du Québec est à mon avis basée sur la domination des Britanniques ou sinon sur celle des Anglais d'ici. C'est l'histoire d'une concurrence anglaise-française basée sur le commerce et les profits. […] Pour
moi l'histoire du Québec n'est faite que de bois, de poissons ou de fourrures. C'est un peuple qui n'a jamais su se démarquer des autres en criant
haut et fort ses revendications. Je n'irai pas jusqu'à dire que nous sommes
nés pour un « petit pain », mais les ambitions quelquefois nous semblent
le faire croire. Nous n'avons fait rien de majeur pour nous démarquer.
L'histoire du Québec n'a pas vraiment d'histoire à raconter, nous sommes
un peuple trop jeune. Un jour peut-être les autres générations auront-elles
quelque chose à apprendre, à part les Indiens, le bois, le poisson ou les
fourrures.

• Ma perception du Québec a longtemps reposé sur des cours que j'ai sui-
vis ainsi que sur des informations de sens commun. Le Québec francophone a été marqué par différents aspects de la vie. La religion m'apparaît
très importante, elle a marqué la vie quotidienne des ruraux, leur façon

de penser (leur soumission à l'Église et aux intérêts anglo-saxons). Cette même ruralité des francophones les a longtemps éloignés de la mentalité industrielle, ce n'est qu'après la Seconde Guerre mondiale et avec la Révolution tranquille qu'ils ont rapidement changé de valeurs.

Ces extraits, que nous aurions pu multiplier à l'infini, font état d'une connaissance qui n'a rien d'incertain mais qui est plutôt fort assurée. Essayons d'en cerner les idées-forces :

• Les jeunes Québécois d'héritage canadien-français savent ainsi que la destinée du groupe (du peuple) auquel ils appartiennent et dont ils doivent porter l'héritage, comme « ancêtres de demain », leur a-t-on soufflé dans un fameux document[29], a été pénible. Ils font partie — leur sort est réglé depuis longtemps — du défilé des opprimés. Ils sont les descendants d'une lignée qui a dû affronter de terribles fléaux en 1759, en 1763, en 1791, en 1837-1838, en 1840, en 1867, en 1982, en 1993, en 1995 et demain encore.

• Ces jeunes savent également que le peuple dont ils sont tributaires et fiduciaires a pendant longtemps été sous l'emprise d'une espèce de bête méchante, l'*Autre à deux têtes*. La première tête est celle de l'*Autre en soi* : le clergé, Duplessis, les traditionalistes, les fédéralistes, etc. ; la seconde est celle de l'*Autre hors-soi* : les Anglais, le capital étranger, le gouvernement fédéral, les Américains parfois, etc. Heureusement, grâce à cet épisode que l'on appelle la Révolution tranquille, ce peuple a réussi à s'émanciper, au moins partiellement, à se moderniser et à se donner les moyens de penser qu'il pouvait exister sans tutelle.

• Ces jeunes savent enfin que l'accomplissement de ce grand voyage dans l'histoire se fera au moment où il y aura réconciliation entre cette volonté d'exister sans tutelle et la décision effective du groupe (du peuple) de sortir de l'emprise de l'*Autre à deux têtes*.

Que demander de plus ? Il apparaît que les (jeunes) Québécois d'héritage canadien-français sont bel et bien porteurs de ce que certains, fiers de cette situation, appelleraient sans doute l'histoire « tabarnaco », sorte de version moderne et décolonisée de l'idéologie de la survivance[30]. C'est cette histoire-récit qui nourrit principalement leur identitaire collectif[31]. En fait, leur mémoire est précise en ce qu'elle est simple, très focalisée et assurée. Et cela est certainement un problème, sinon une défaite, voire une désolation, sur le plan des représentations collectives.

Contrairement à ce que prétendent les prêcheurs inquiets de la survivance du fait français au Québec, il n'y a pas carence de mémoire en ce lieu, mais bien plutôt excès — ou tout au moins abus d'*une* mémoire. Cette situation contribue de manière directe à l'enlisement des discussions touchant à l'idée d'un quelconque recommencement avec ou sans le Canada (anglais), dans la continuité ou à contre-courant de « notre » passé. De l'air pour ventiler, élargir ou défocaliser sa mémoire colligée, tel est sans doute ce dont aurait besoin la collectivité (franco-)québécoise, tout comme la canadienne(-anglaise) d'ailleurs, à l'heure actuelle[32].

S'il est vrai que la mémoire plus que le temps nu — qui n'a pas de signification ni de finalité morale — guérit les plaies et apaise les blessures, peut-être faudrait-il apprendre aussi à « oublier », c'est-à-dire apprendre à penser l'histoire en vue de la deuiller et de la panser éventuellement.

Cette idée n'a rien de farfelu. Une ancienne sagesse professait en effet que l'oubli, loin d'être la négation du souvenir, en constituait la forme la plus achevée et son ultime dépassement[33]. Intéressant paradoxe. Encore faut-il préciser ce que signifie ici l'oubli.

Selon notre entendement, il n'a aucune connotation négative ni ne se veut l'expression d'un refus. L'oubli n'est pas un mode de refoulement ou d'anéantissement du passé conduisant à taire ou à assassiner la mémoire qui pourrait en naître. Il s'agit plutôt de l'aboutissement d'un deuil qui, s'étant mué en pardon, ouvre un univers d'avenir, de possibles et de compréhension fondé sur le rappel des bontés du passé plutôt que sur le souvenir de ses nocivités. En ce sens, l'oubli est un passage, une transformation.

De même, les notions de deuil et de pardon ne signifient pas ici abandon, perte, omission, amputation, renonciation, démission et quoi encore, mais prédisposition au recommencement régénérateur. Cette volonté de recommencement se justifie d'une manière qui nous paraît légitime : on ne peut changer le passé, à quoi bon s'y noyer ?

L'enjeu — et le défi tout à la fois — des héritiers est précisément de dépasser la condition de leurs ancêtres. Le passé ne peut être en effet érigé en maître, car il devient ainsi enfer. Il n'a pas non plus le potentiel, comme le disait Lévinas, de ramasser l'instant présent en guise d'images du souvenir ni l'avenir en guise d'acomptes et de promesses. À l'instar du pardon ou de l'indulgence probablement, le passé n'est utile que pour permettre de s'élever. Le fait que ce passé ait été pénible et porte encore la marque des blessures accumulées ne change rien à l'obligation morale de s'en distancier pour que les plaies guérissent. En certains cas, le processus de distanciation réclamera d'ailleurs que l'on ne suture point la lésion, mais que l'on découvre le potentiel de cicatrisation, voire de catharsis, qu'elle contient. Comme l'écrivait Sören Kierkegaard, l'on ne doit pas craindre de laisser ouvertes les blessures de la possibilité pour régénérer les corps meurtris. À quoi l'on ajoutera : l'espérance doit être au commencement de l'histoire et de la mémoire du passé.

Or, c'est justement dans cette opération délicate, complexe et subtile, voire dramatique par l'incertitude qu'elle comporte, de transformation des blessures en possibilité, de mutation du souvenir en conscience régénératrice par le deuil, que l'historien est appelé à jouer un rôle cardinal, absolument irremplaçable, de « passeur », et à faire converger, dans l'entreprise de régénération, ses qualités de savant et ses responsabilités de citoyen. C'est pourquoi nous considérons l'historien comme un pédagogue et un relayeur, soit comme celui qui facilite et accommode à l'aune d'un ensemble de règles et de démarches au nombre desquelles on compte l'éthique professionnelle, le discernement critique et la foi en l'avenir, la pratique de la transmission.

L'historien, en tant que personne la plus qualifiée pour assurer l'accomplissement effectif du passé dans le présent sur un mode éthiquement et scientifiquement rigoureux, est en effet celui qui, mieux que quiconque, peut aussi concilier l'apparente contradiction existant entre la perte et le gain de sens dans l'évolution des choses et la succession des générations. Selon nous, l'historien n'est pas à proprement parler un gardien du passé ou une vestale du temps. Il est l'opérateur de la transmission mémorielle, celui qui rappelle et expose, en s'appuyant sur la factualité irréductible et fourmillante du passé, la panoplie éventuelle des voies de passage vers l'avenir. L'historien est celui qui a pour fonction de « faire passer le passé » dans une histoire dont le contenu est non seulement le résultat d'un travail de réflexion critique des contemporains avec et contre les ancêtres, mais dans une histoire qui est porteuse d'avenir et d'espoir.

Ce qui doit à tout moment guider l'historien dans sa quête de sens dans le passé-présent, c'est le respect de la complexité inouïe des faits en vue de poser les conditions pour qu'un avenir meilleur soit possible. En cela, son rôle l'amène immanquablement au cœur de problèmes de morale collective, c'est-à-dire que, en tant que scientifique accompli et initiateur de débat démocratique, il lui faut tenter finalement de favoriser la victoire du bon sur le mauvais, c'est-à-dire, au sens où nous l'entendons ici, la victoire de l'espoir sur la douleur et celle de la délivrance sur l'animosité.

Par son travail de mise en histoire du passé, l'historien doit tenter par tous les moyens d'ouvrir l'avenir aussi large que possible. Il lui faut poser les conditions pour que jamais ne triomphe la conception de la fixité des choses. Il doit rappeler aux contemporains que le passé ne détermine toujours qu'en partie seulement l'horizon de leurs choix et que ces choix sont en même temps leur liberté de faire leur histoire dans la suite et à contre-courant des anciens. La fonction ultime de l'historien, celle qui donne un sens fondamental à son activité scientifique et civique, est d'amener continuellement les hommes et les femmes de son temps à s'interroger non pas sur ce qu'ils doivent se rappeler pour être, mais sur ce que cela signifie, à la lumière de l'expérience du passé, d'être ce qu'ils sont maintenant.

Notons que l'une et l'autre questions appellent une différence majeure de responsabilité pour le sujet-héritier. La première question (« de quoi dois-je me rappeler pour être maintenant ? ») l'attache en effet à une mémoire dont il doit, sans peut-être le vouloir, rester tributaire si bien que, pour exister socialement comme être de durée dans une suite, il lui faut faire son devoir de mémoire. À cet égard son mandat est clair : il a pour tâche de nourrir ses ancêtres qui deviennent, par un renversement inusité de perspective, ses descendants. La seconde question (« qui suis-je en vertu de mon passé ? ») amène le sujet-héritier, comme participant de la vie collective actuelle et à venir, à inscrire son parcours par rapport à une mouvance dont il est partie prenante et qu'il est invité à construire au présent, de concert avec les autres participants, en s'inspirant plus ou moins de l'action des prédécesseurs. Dans cette perspective, il est ou n'est pas nourri par ses ancêtres qui reprennent, à juste titre dirions-nous, leur place d'ascendants.

On comprendra dans ce contexte qu'être le maillon d'une chaîne ne signifie pas être enchaîné à la succession des déterminations antérieures, mais bien plutôt assurer à son tour une partie de l'entreprise interminable, faite de gains et de pertes, d'ajouts et de retranchements, de la construction du monde. De même, le passé n'apparaît pas suivant ce scénario comme le prétexte d'une démonstration irréfutable, compacte et exclusive des antécédents du présent — le présent embrigadé dans les logiques et les lourdeurs de l'antériorité. Il se découvre plutôt comme un univers illimité de valeurs inventées et expérimentées par les ancêtres, univers dans lequel les contemporains peuvent à souhait puiser inspiration, mais non pas recette ou leçon, pour apaiser l'insoutenable angoisse découlant de leur légèreté d'être.

C'est d'ailleurs dans ces valeurs communes, sorte de précipité transcendantal de l'action humaine dans le temps, que les hommes d'aujourd'hui peuvent, en tant qu'acteurs historiques responsables de l'évolution de leur monde — on peut toujours faire une histoire libératrice de ce que le monde a fait de nous —, découvrir ces raisons communes qui motivent leur désir de s'élever toujours plus haut et d'aller plus loin.

Pour une histoire d'avenir

L'histoire est un travail de production de sens indissociable d'une réflexion éthique sur le mode du souvenir. Le rôle de l'historien, quant à lui, est de rappeler aux héritiers qu'ils ont le devoir de se souvenir d'où ils s'en vont et que la seule demande qui leur vient du passé est celle d'une obligation de médiation dans l'avenir.

Par les narrations qu'il est susceptible d'élaborer et dont les ingénieuses ressources dépassent toutes les impasses et fondent toutes les espérances, l'historien se situe en effet au centre d'une convergence paradoxale, fondamentale pour la suite du monde et moteur même de l'historicité au dire d'Hegel, entre l'impossibilité et l'inéluctabilité de l'oubli et du pardon. C'est dire la responsabilité qui lui revient.

Il existe un dialogue infini — mais non pas une conséquence, encore moins une téléologie — entre le passé, le présent et le futur. Il est permis de croire que les héritiers le savent sans toujours exercer leur droit à la liberté. Très souvent, ce sont leurs prédécesseurs qui, en associant leur passage sur la terre à une certaine finitude de l'histoire, se méprennent en croyant détenir la clé du devenir des héritiers.

S'il y a crise de la transmission historique, comme on se plaît à le dire, elle tient peut-être moins au refus des héritiers de se situer par rapport à une certaine continuité et à une certaine tradition qu'à leur réserve à assumer un héritage mémoriel insatisfaisant qui devient incompatible avec leur imaginaire politique. On conçoit dans cette perspective que le problème des héritiers n'est pas d'assurer la suite du passé, mais bien plutôt de comprendre l'histoire des pères et de porter leur mémoire.

Pour quel avenir, en effet, se souvenir ?

Passer d'héritiers à fondateurs

Le grand récit collectif des Québécois
revu et corrigé par Gérard Bouchard

On ne le dira jamais assez, la conjoncture historiographique est tout à fait emballante au Québec. C'est que plusieurs historiens reviennent, à l'aune d'une démarche empreinte de rigueur et d'ouverture, sur la trame du grand récit collectif des Québécois (d'héritage canadien-français).

Ce « révisionnisme » historien, pour user d'un qualificatif employé par Ronald Rudin[1], n'est pas exactement né d'hier. Il se manifeste depuis le milieu des années 1970. Il parcourt les magnifiques travaux des chercheurs du CIEQ qui, en s'intéressant aux morphologies de base du Québec, ont renversé la vision traditionnelle d'un espace — la province de Québec — censément déphasé sur les plans économique et social, et celle d'un acteur — le Canadien français — apparemment retardé ou décalé sur le plan de ses mentalités et aspirations[2]. Ce « révisionnisme » est également décelable chez ceux qui, comme Louis Rousseau et Frank Remiggi, revoient à la lumière d'une autre perspective la prégnance du phénomène religieux dans le Québec du XIXᵉ siècle en l'associant à un vaste mouvement de revitalisation culturelle marquant toute une société désireuse de trouver des solutions aux tourmentes matérielles et spirituelles l'assiégeant à une époque par ailleurs troublée[3]. Il n'est pas jusqu'à la période duplessiste, longtemps considérée comme la quintessence d'une certaine arriération de la province au chapitre des mœurs politiques et des formes de la régulation, qui ne soit prise à partie par les nouveaux historiens et déboulonnée comme antithèse de la Révolution tranquille[4].

Il faut le préciser, la remise en cause actuelle des représentations globales par lesquelles la collectivité québécoise (d'héritage canadien-français) a été appréhendée et mise en scène dans le théâtre de l'histoire n'est pas le produit d'une démarche d'ordre exclusivement empirique. Elle procède également de la volonté manifeste, exprimée par certains auteurs, de sortir d'une vision du Québec qu'ils considèrent comme étant inadéquate sur le plan historique et inappropriée sur le plan politique[5].

Parmi ces auteurs, il y a surtout Gérard Bouchard. Depuis plus de vingt ans, celui-ci s'est taillé une place de choix au sein de l'institution historienne québécoise. La qualité de ses travaux, d'une part, et l'envergure de ses questionnements, d'autre part, lui ont permis de s'ériger comme l'une des figures majeures et marquantes du paysage intellectuel de la province, voire du Canada. Ses interventions scientifiques ont souvent eu des échos sur la place publique. À plusieurs reprises, M. Bouchard a d'ailleurs signé dans la presse des textes mordants où il tirait les conclusions proprement politiques de ses analyses savantes[6]. Dans la revue *L'Action nationale,* il a de même fait paraître un article au moins où il tâchait de donner une dimension plus appliquée à ses réflexions théoriques[7]. Compte tenu de son rayonnement sanctionné par de nombreux prix de prestige, Gérard Bouchard apparaît comme l'un des héritiers possibles de cette lignée de penseurs qui, depuis François-Xavier Garneau jusqu'à Fernand Dumont, ont cherché à offrir aux Québécois, et notamment à ceux que l'on appelait hier les Canadiens français, les moyens de nourrir leur conscience historique, c'est-à-dire de se raconter à eux-mêmes un grand récit plus ou moins édifiant ou mélancolique et de le relater aux autres aussi.

Par rapport à ses prédécesseurs, Gérard Bouchard se situe dans un rapport tout à la fois de continuité et de rupture. À première vue, le délestage semble beaucoup plus évident que la conservation. Mais, si l'on creuse davantage la perspective interprétative qu'il a adoptée dans ses derniers travaux de synthèse, on découvre que l'historien, interpellé par cet éternel souci de transcendance et de refondation des Québécois (d'héritage canadien-français) qui a aussi marqué la réflexion de ses pères, reste empêtré dans une épistémè où l'idée d'*empêchement d'être* et celle d'*inaccomplissement déplorable du groupe* font office d'horizon par rapport auquel il envisage le passé et le présent des siens.

Dans le présent texte, nous essayerons, en pénétrant au cœur des argumentations du chercheur, de mettre au jour l'articulation des logiques scientifiques et politiques qui sous-tendent ses thèses sur la « nation québécoise ». Malgré la distance qu'il prend avec le discours de la survivance, Gérard Bouchard semble incapable de surmonter la difficile tâche de conceptualiser l'identité des Québécois dans ses ambivalences constitutives, ses facettes entremêlées et ses échappées continuelles par rapport à elle-même. Comme d'autres avant lui, il est décontenancé par ce qu'il observe ou constate. De même, il n'arrive pas à saisir la collectivité québécoise dans les tensions structurelles et structurantes qui la constituent depuis toujours. Au lieu d'assumer les conséquences politiques découlant de la reconnaissance de ces tensions, il cherche à remodeler le passé pour en désactiver les équivoques et les bouillonnements gênants. Le problème, on l'imagine, ne tient pas au manque de compétence de l'homme. Il découle plutôt de son parti pris compréhensible mais discutable pour la pertinence, c'est-à-dire pour le remblayage du passé québécois sous la forme d'une histoire dense et pleine de la nation, contre la réalité, c'est-à-dire contre la complexité infinie de l'action banale et originale d'une population et de cultures cherchant à faire leur lit, envers et contre leurs prophètes, dans le sol friable des contingences du devenir ordinaire du monde.

Les fondements du projet bouchardien

Cerner le projet interprétatif de Gérard Bouchard relativement à la nation québécoise exige que l'on saisisse bien la pensée de l'auteur quant au rôle de l'histoire et de l'historien dans la production du sens et dans la création de consensus sociaux[8]. C'est en effet à cette échelle et autour de ces enjeux fondamentaux que le penseur est tout à fait conscient d'intervenir comme scientifique accompli. Si l'auteur, en sa qualité de savant, veut ajouter aux connaissances que l'on possède sur le Québec et désenclaver la réflexion sur la société québécoise en la « dépaysant », son défi ultime est de découvrir la façon la plus adéquate pour réécrire le passé national. Ce défi est également de trouver la définition histori(ographi)que la plus juste du « nous » collectif[9]. Autrement dit, ce qui préoccupe Gérard Bouchard, c'est de parvenir à élaborer un récit renouvelé des origines et de la genèse du groupement auquel il appartient par socialisation et adhère par choix et empathie, un récit, comme il le dit lui-même, qui rejoigne les audaces politiques et sociales du moment présent, qui réconcilie l'expérience québécoise avec l'américanité, qui reflète l'assurance enfin retrouvée des Québécois, qui traduise la complexité de leur vie collective et qui assume le défi d'une culture québécoise largement à refaire[10].

Au fond, Gérard Bouchard n'aborde pas le passé du Québec comme un dilettante approche son sujet. Son nid est fait et son engagement assumé. Le point de départ et d'arrivée de sa quête rétroprospective est la « nation (sociologique) québécoise[11] ».

Tout en reconnaissant le caractère périlleux, sur le plan scientifique, d'un usage abusif du concept de nation et tout en admettant aussi que l'« histoire nationale », comme genre spécifique, entraîne d'importants problèmes de méthode[12], Bouchard impose son choix de la nation comme vecteur central de l'aventure historique québécoise et comme catégorie cardinale pour en penser et en restituer le sens global[13]. Sa position, bien que justifiée à l'aune de motifs historiques, s'enracine davantage dans une préférence d'ordre politique qui surdétermine et infléchit toute sa démarche. Cette préférence est celle du *lieu québécois* de l'histoire du groupe, soit le projet historique de construction d'une société francophone originale sur le territoire du Québec. Par-delà toute autre considération ou option interprétative, Bouchard décide en effet qu'il est non seulement légitime, mais souhaitable, voire judicieux et utile, pour le bénéfice de la collectivité québécoise d'aujourd'hui dont la nature appréhendée sert de cadre à son entreprise historienne, de partir de l'idée et de la réalité de la nation québécoise pour mettre en forme le passé de cette population qui, hier ou aujourd'hui, s'est établie au sein de cet espace que l'on appelle le Québec et a participé à son essor[14].

Dans le projet interprétatif de Gérard Bouchard, il y a donc recherche consciente pour trouver un dénominateur commun *pertinent* — lui-même parle plutôt de « paradigme » — sur lequel (re)fonder le récit des origines et de la genèse de la formation sociale du Québec[15]. Or, cette idée de dénominateur commun pertinent ou de paradigme ne va pas de soi. Le choix du plus « juste » déterminant interprétatif est ici celui du narrateur. Compte tenu de sa complexité constitutive et de l'inextricabilité de ses registres et enveloppes de sens, le passé ne dispose en effet d'aucune capacité immanente ou « plénipotentiaire » pour imposer ses mises en forme narratives. La pertinence du choix de Bouchard vaudrait donc, dans ce cas-ci, moins par rapport à ce que fut effectivement le passé des habitants du Québec que par rapport à la façon dont l'historien, comme citoyen et penseur, envisage l'avenir du groupe auquel il appartient. Cette pertinence serait au fond l'expression d'un contrat moral établi entre l'intellectuel et sa société, contrat échafaudé en fonction du plus bel avenir à construire pour les siens. Pour Bouchard, le récit des origines ne saurait d'ailleurs être dissocié des enjeux posés par la (re)construction extensive et inclusive de la société québécoise[16]. Ce récit, il le voit, il le veut en quelque sorte comme un pari arrimé à l'avenir bienheureux de la nation, si ce n'est de l'État (souverain), du Québec[17].

Et, de fait, la clé du projet interprétatif bouchardien se trouve précisément du côté de l'avenir, dans l'horizon de sens qu'il cherche à ouvrir aux membres de sa nation. À vrai dire, Gérard Bouchard ne s'interroge pas longuement sur la valeur de la matrice nationale comme catégorie interprétative et paradigme de la collectivité québécoise[18]. Il en fait le postulat de son entreprise scientifique. Le cas échéant, il en assume les lacunes déplaisantes ou indépassables en prétextant que, après tout, le rôle (civique) de la science historique est de réduire l'opacité du passé, opacité dont on sait l'effet angoissant qu'elle provoque chez l'homme[19].

Cette argumentation posée, il établit quelques principes de méthode visant à guider ses pairs dans leur entreprise d'investigation du passé québécois à la lumière du (nouveau) concept de nation. Ces principes sont les suivants :

• d'abord, montrer le *nous* dans sa transparence, c'est-à-dire le révéler tel qu'il est dans ses positions, ses précarités, ses transformations successives, toujours là mais en mouvement ;

• ensuite, éviter de projeter ce *nous* comme un donné et faire ainsi œuvre téléologique plutôt qu'historique ;

• enfin et surtout, réaménager la nation dans un contexte de diversité de manière à fonder la cohésion collective le plus loin possible de l'ethnicité, hors de l'unanimité idéologique et de l'homogénéité culturelle, dans le respect des croyances et des différences de toutes sortes.

Pour Gérard Bouchard, il ne saurait y avoir, pour des raisons politiques d'abord, historiques ensuite, d'histoire du Québec autre que nationale, c'est-à-dire d'histoire qui ne focalise l'expérience du Québec et des Québécois sous l'angle de la nation en émergence, une nation littéralement apparentée à un individu en croissance[20]. Cela dit, cette histoire sera modifiée dans ses figures traditionnelles. Elle sera ainsi résolument critique, c'est-à-dire qu'elle aura pris ses distances par rapport à d'autres représentations concurrentes, celle de la survivance d'une minorité culturelle en particulier, celle de la pensée ethnique aussi dont l'idée de nation canadienne-française (ou de nation franco-québécoise) qu'elle porte et légitime lui paraît fausse, voire dangereuse[21]. Cette histoire nationale sera également pluraliste, c'est-à-dire qu'elle embrassera et concernera toutes les composantes de la nation, en incluant les Néo-Québécois, les nouveaux francophones, les membres des communautés culturelles, les Amérindiens et les Anglo-Québécois. Troisièmement, cette histoire sera objective, c'est-à-dire que ses partisans ne craindront pas de faire état des feintes et des subterfuges de l'imaginaire national, tout comme de ses contradictions, de ses distorsions et de ses omissions, voire de ses abus, de ses violences et de ses autres errements. Cette histoire sera par ailleurs écrite à l'aune de référents universalistes et comparatistes, c'est-à-dire que l'évolution de la nation québécoise sera prise en compte et appréciée par rapport aux grands processus d'institution de sociétés, de cultures ou d'ensembles apparentés. Les singularités québécoises seront ainsi projetées dans une perspective internationale, ce qui permettra de les relativiser et de contrer en même temps les ruses du discours sur (et de) l'« exceptionnalisme québécois ».

Bref, l'histoire nationale du Québec de Gérard Bouchard sera celle d'un véritable pays se constituant dans le temps, tributaire d'un sens entier, possédant son propre centre de gravité et ambitionnant d'achever, par sa refondation souhaitable dans la souveraineté, voire l'indépendance politique, son itinéraire historique amorcé il y a plus de trois cent cinquante ans.

Si l'auteur se défend bien de faire œuvre anachronique ou téléologique en réécrivant l'histoire du Québec au futur antérieur de la nation — ce que traduit pourtant bien le titre de l'un de ses derniers ouvrages : *La Nation québécoise au futur et au passé* — et en faisant du passé des siens une affaire cohérente ou prévisible animée par une trame sousjacente, sa prétention apparaît lettre morte lorsque l'on entre au cœur du système épistémique inspirant et structurant son propos.

Le (nouveau) cercle de la nation

Malgré d'importants travaux fondés sur la collecte de données primaires[22], Gérard Bouchard est un historien qui ne se complaît pas dans l'empirisme. Au contraire, il s'agit d'un *scholar* passé maître dans l'exercice de la synthèse. Plus que tout, l'historien se perçoit comme un initiateur de projet et un bâtisseur d'horizon interprétatif. Gérard Bouchard ouvre les chantiers, trace les pistes, hiérarchise les questionnements, suggère ce qui, dans la panoplie des recherches à faire, est prioritaire ou secondaire. Nombre de ses textes se veulent ouvertement programmatiques[23]. Son rôle de phare dans l'institution historienne québécoise est peu ou n'est pas contesté. Ses adeptes et épigones sont de loin plus nombreux que ses critiques.

Gérard Bouchard est aussi un chercheur labourant et arpentant le passé à l'aide de modèles schématiques implicites ou explicites. Le registre de son écriture peut bien être concret, ses argumentations, elles, s'enracinent décisivement dans l'existence de grands canevas

interprétatifs qui le rattachent à une tradition historiographique portée aux États-Unis par les tenants de la sociologie historique, en France
par l'École braudélienne et en Allemagne par le courant de l'*Historische Sozialwissenschaft*[24].

Cette prégnance modélisatrice est on ne peut plus évidente dans
son projet de réinterprétation synthétique du parcours historique de
la nation québécoise. Le modèle en question[25], dont l'espace de pertinence déborde amplement le cas québécois au dire même de l'auteur, est fondé sur deux concepts centraux, celui de « collectivité
neuve » (ou de « culture fondatrice ») et celui d'« américanité ». Selon
Bouchard, les sociétés du Nouveau Monde (incluant l'Australasie et
l'Afrique du Sud) se seraient développées sur le mode général de la
continuité ou de la rupture avec la mère patrie, c'est selon, mais non
pas comme de simples enclaves coloniales. Or, cette orientation originelle (continuité ou rupture) aurait eu un impact déterminant sur
leur évolution future.

S'il ne l'exprime pas explicitement, l'auteur donne en effet à comprendre que la rupture (ou que la « reproduction dans la différence »)
aurait engendré, à l'inverse de l'autre option, celle de la continuité, des
effets tendanciellement heureux sur le mode de développement de
populations devenant nations en ce qu'elle les projetait dans une
évolution marquée par trois phases successives et progressives d'accomplissement collectif, à savoir l'« appropriation » (la conscience
historique), le « recommencement » (la refondation utopique) et
l'« émancipation » (la refondation politique). *A contrario*, la continuité
aurait en quelque sorte tari la capacité de ces populations de s'élever
comme nation achevée en les installant dans une dualité inconfortable, dans une inconsistance culturelle, dans une angoisse identitaire,
dans une confusion d'être et dans une incapacité de s'aligner sur des
orientations durables[26].

Selon la typologie de l'auteur, les États-Unis représenteraient le cas
classique de la rupture consommée, du décrochage réussi, du réarrimage accompli[27]. « L'histoire des États-Unis, écrit Bouchard, relève
très manifestement du modèle de la différenciation et de la rupture,
consacrée par la guerre d'Indépendance et assortie d'une vision très
dynamique du recommencement collectif[28]. »

À l'opposé, les républiques d'Amérique du Sud et le Mexique, comme le Québec et le Canada, auraient à des degrés divers buté sur des problèmes inhérents à la grande transition. Tout en cherchant des solutions aux obstacles qu'elles rencontraient, ces nations constituées dans le passé et par l'histoire se seraient révélées, en définitive, incapables de trouver ou de créer ce lieu tant désiré d'une articulation vertueuse entre leur refondation utopique et leur refondation politique. Le cas des pays latino-américains serait à cet égard exemplaire. Selon Bouchard, ces cultures nationales auraient en effet « réussi leur décrochage ibérique, mais un peu raté leur arrimage américain[29] ».

De leur côté, l'Australie et la Nouvelle-Zélande présenteraient une tout autre configuration de décrochage. Si le modèle de la différenciation et de la rupture finirait par prévaloir de nouveau, il s'agirait cette fois d'un « processus en escalier ». Celui-ci se serait accompli au gré de multiples péripéties étalées sur une longue période, aucune n'acquérant un relief transcendant. « L'étalement du décrochage de l'Australie et de la Nouvelle-Zélande par rapport à la Grande-Bretagne, nous dit Bouchard, a été tel qu'il n'a pas donné lieu à un discours de la rupture triomphant et galvanisant […]. On en vient à ce paradoxe de deux pays qui ont réalisé leur indépendance politique mais sans en retirer tout le profit symbolique[30]. »

Cherchant à se reproduire à l'identique pendant longtemps, le Canada (anglais), pour sa part, n'aurait décroché que très tardivement et graduellement de l'imaginaire colonial en faisant d'ailleurs l'économie du grand acte fondateur. Encore maintenant, la nation canadienne, inachevée sur le plan utopique et incapable de se défaire de cette crainte d'être avalée par les Américains, saurait mal assumer sa volonté de rupture tout en cherchant son identité dans une *distinctiveness* en partie inventée[31].

Quant au Québec, grevé par cent ans de fausse conscience historique alimentée par une Église tutélaire et des intellectuels apeurés par le spectre de la disparition[32], il se serait enfin et heureusement, depuis une cinquantaine d'années, réengagé sur la voie de la rupture. Il aurait de même repris le chemin de l'émancipation dans l'utopie de la Révolution tranquille et celle de la souveraineté. Paradoxalement, ce pays refuserait toujours de consommer cette refondation utopique dans

l'accomplissement ultime de sa quête d'affirmation, à savoir l'indépendance politique. Voilà pourquoi il resterait, malgré tout, un « vieux
pays neuf[33] ».

On comprendra que c'est au fond cette dernière question, celle de
l'inaccomplissement de la nation dans l'indépendance politique, qui
hante littéralement Gérard Bouchard. « Comment expliquer, écrit-il,
que, de toutes les collectivités [neuves], le Québec soit la seule [avec
Porto Rico] à ne pas avoir su accéder à l'indépendance politique[34]? »

Or, il est évident que cette question n'est pas celle que le passé pose
de son plein gré à l'historien. C'est celle plutôt que l'interprétant, déçu
par l'itinéraire apparemment « brisé » ou le dessein continuellement
« reporté » des siens, adresse au passé. Cette inversion heuristique, que
Bouchard banalise en prétendant qu'elle fait partie des postulats du
métier d'historien et qu'elle appartient à son paradigme et à ses
conventions épistémologiques[35], n'est pourtant pas insignifiante. Elle
ouvre en effet la possibilité, pour le narrateur, de ramener la matière
touffue, « désobéissante » et indéfinie du passé dans le collimateur de
la nation émergente, brisée, détournée de son destin, empêchée d'être,
heureusement rénovée mais toujours, hélas, en transition.

C'est par rapport à cette trame, qui réinvente la problématique de
la survivance en inscrivant le parcours du Québec par rapport à l'évolution objectivée des « collectivités neuves », d'une part, et en refor-
mulant cette problématique dans les termes de l'empêchement d'être
et de l'inaccomplissement collectif, d'autre part, que Gérard Bouchard
aborde le passé du Québec et des Québécois (d'héritage canadien-
français). C'est par rapport à cette trame qu'il identifie de même, et
en conséquence, les événements « dépresseurs » plutôt que fondateurs
du groupe, qu'il structure les chapitres de son histoire et que, simultanément, il entreprend de bâtir le nouvel imaginaire historique des
siens.

Dans cette entreprise, la démarche comparative est évidemment
cruciale. Certes, le comparatisme apporte une dimension parfois
bénéfique à l'analyse historique, notamment lorsqu'il sert à dénoncer,
et à déjouer en même temps, les « illusions de la singularité[36] ». Cesser d'étudier le Québec en vase clos, en finir avec cette représentation
surannée d'une société aux traits uniques et au parcours historique

archétypal, voire extraordinaire, est un appel que, à l'instar de plusieurs collègues, nous endossons totalement. Cela dit, on use aussi très souvent du comparatisme pour évaluer, voire juger, des cas les uns par rapport aux autres en fonction d'une typologie générale élaborée à partir de l'abstraction — et de l'idéalisation — du cas le plus fréquemment relevé parmi tous les cas considérés.

Tout en affirmant se garder de pareille manie, c'est à ce genre de « comparatisme sentencieux » — où le narrateur, à partir d'une position supposée d'objectivation, qualifie de réussite ou d'échec les processus qu'il discerne dans la matière du passé, et ce, grâce au modèle qu'il s'est donné ou qui l'inspire —, que s'adonne Gérard Bouchard lorsqu'il situe le Québec parmi les « collectivités neuves ». Bien que le modèle élaboré par l'historien ne soit pas sans attrait sur le plan formel, il appelle inévitablement l'arbitraire, si ce n'est le jugement de surplomb, par le registre de questionnement qu'il infère et le type d'analyse historique auquel il donne lieu.

Nous l'avons dit plus haut, Bouchard envisage le parcours des nations d'après une ligne générale de l'accomplissement collectif comportant trois phases qualitatives de transition ou de mutation de l'Être-(collectif)-en-soi. Et c'est en fonction de ce modèle objectivé que l'auteur évalue, compare, apprécie et classe les cas qu'il rapproche : ici, la « rupture » se sera effectivement réalisée ; là, l'« appropriation » aura été bloquée ; là encore, la « refondation » aura été contrariée ou restera inachevée. Fort bien. Mais à partir de quels critères objectifs peut-on parler d'un décrochage réussi ? Qu'est-ce qu'une rupture consommée ? Comment peut-on estimer qu'un réarrimage est accompli ou pas ? Qu'y a-t-il de paradoxal à ce qu'une collectivité ne réalise pas sa souveraineté et ne se transcende pas dans un État indépendant ? Quel destin est ici esquivé et là accompli ? Dans quelle mesure une collectivité peut-elle être rangée du côté de celles qui font « bande à part » ou, au contraire, du côté de celles qui ont progressé selon une « trajectoire historique coutumière » ?

Sans le dire exactement ni le reconnaître ouvertement, l'auteur, par le modèle qu'il emploie et le comparatisme auquel il a recours, cherche à comprendre, à la lumière du cas d'autres cultures fondatrices apparentées, les particularités du cas québécois qui, parce que les collectivités neuves accèdent normalement à la souveraineté, faute de quoi une explication s'impose[37], font *dès lors* apparaître la province dans une certaine situation d'« anomalie » historique, tout au moins d'irrégularité ou de digression de destin, et ce, par rapport à une espèce d'universel ailleurs vécu même dans son inachèvement.

La singularité de la nation québécoise, qui est en même temps son infortune et, pour Bouchard certainement, sa contradiction identitaire, serait de ne pas avoir conquis son indépendance politique. Sous l'angle bouchardien, l'histoire de la nation québécoise est un récit du manque et un appel à l'État (indépendant).

Le récit du manque

Cette idée d'une « digression de destin » vécue par le groupe est ici cardinale. L'histoire de la nation à la manière de Gérard Bouchard n'est en effet ni le récit de la dissidence d'une population, ni la narration de son innocence ou de son inconscience, ni la relation de son insouciance, de son inconstance, de son indolence, de son impotence ou de sa latence. Cette histoire n'est pas davantage la chronique de l'ambivalence assumée et maîtrisée d'un peuple ou d'une culture. Elle est fondamentalement le récit d'un projet politique brisé[38].

Dans ce récit, il est un événement clé, moment non pas d'arrêt définitif ou de basculement irréversible d'un itinéraire amorcé, mais de suspension d'un parcours politique qui, jusque-là, s'était à peu près déroulé selon la norme, c'est-à-dire comme un mouvement général d'émancipation partielle contre la mère patrie (première phase dans le modèle bouchardien d'« accomplissement collectif »)[39]. Cet événement est celui des insurrections avortées, ou plutôt violemment réprimées par les Britanniques, de 1837-1838.

Contrairement à la Conquête de 1759 sanctionnée par la Cession de 1763 — une suite d'épisodes qui ne modifient pas fondamentalement la donne d'une population changeant tout simplement de maître, nous dit Bouchard —, les rébellions constituent le point culminant d'une action politique commencée au tournant du siècle et visant à l'instauration d'une république dans le Bas-Canada. Cette action, dénotant à l'évidence le passage réussi, par la collectivité des « Canadiens », de l'« entité » à l'« identité » (phases du « recommencement » et de l'« appropriation » selon le modèle de Bouchard), est brutalement stoppée. L'échec des rébellions marque rien de moins que l'infléchissement d'un mouvement de rupture et de refondation du groupe qui, pourtant normalement entamé, paraît dès lors cassé. S'ensuit une longue période de reconversion de la dynamique politique des Canadiens français dans le sens d'une digression de leur destin par rapport à la trame initiale de leur parcours *envisageable* (et par rapport au modèle privilégié par Bouchard de la rupture). Cette reconversion, dirigée par une Église affichant sans retenue sa loyauté envers la Couronne puis envers le Canada, est également soutenue par une grande partie des lettrés qui, reniant le travail sur soi entrepris par une collectivité cherchant sa voie américaine, créent de la « fausse conscience » — le terme est de Bouchard — et maintiennent le groupe dans une position de repli en l'attachant à une mémoire de survivance. Ce ne sera qu'après cent ans de « désappropriation » guidée du groupe par une classe intellectuelle tributaire d'utopies déphasées que la nation, maintenue en état d'hibernation sur le plan de ses représentations collectives, renouera avec son élan initial. La Révolution tranquille remettra à l'ordre du jour, pour de bon selon Bouchard, le rêve indépendantiste des anciens Patriotes. Elle ramènera de même une partie des élites sur le sentier de la rupture, réinscrivant *überhaupt* le groupe dans la norme historique des « collectivités neuves ». D'où l'enthousiasme de l'auteur relativement à la mouvance souverainiste actuelle des Québécois, qui, pour lui, apparaît comme l'expression manifeste d'un peuple en quête de son acte fondateur et déposant enfin son statut, si ce n'est sa fausse identité, d'héritier[40].

À tout bien considérer, le récit bouchardien de l'évolution contemporaine du Québec est celui d'une nation qui, réassumant la permanence de sa nature historique dans son désir retrouvé de souveraineté (stade ultime de l'accomplissement collectif selon l'auteur), récupère enfin ses droits devant l'avenir et sur lui.

Certes, une telle vision du passé du Québec apparaît à première vue plutôt réductrice. Pourtant, l'histoire (de la digression forcée) de la nation québécoise que propose Gérard Bouchard est le résultat d'un travail puissant d'interprétation de la part d'un narrateur habile et brillant dont l'argumentation, tout enrobée d'espérance envers l'avenir, séduit et emballe. Ce travail d'interprétation tire d'ailleurs profit des plus récents progrès de l'historiographie sur le Québec auxquels le chercheur et ancien directeur de l'IREP a lui-même largement contribué.

On a ainsi établi, au cours des vingt dernières années, que le passé du Québec et des Québécois ne s'était pas déroulé sur le mode de la souffrance, de l'affliction continuelle, de la petitesse de vue et du désir de repli[41]. Au contraire, à maints égards, ce passé fut marqué par plusieurs succès. Sur les plans économique et social, notamment, le mode de développement de la collectivité québécoise s'est effectué de manière assez semblable à celui d'autres sociétés de frange ou de frontière ; le cas échéant, les particularités de ce mode de développement ont tenu à la façon dont une population s'est approprié un espace en composant avec les contraintes de son environnement physique et économique plutôt qu'en les subissant[42]. De la même façon, il est inexact de laisser croire que la modernité n'a emporté le Québec que tardivement dans son sillage. La vérité est que l'américanité québécoise a toujours été un vecteur de modernité[43]. Pour tout dire, la progression du Québec a été « normale ». Au départ et même après, la société québécoise a effectivement été, et s'est voulue en potentiel, une entité tout à fait équivalente aux autres.

C'est cette perspective optimiste et assurée qui sert de postulat à l'entreprise histori(ographi)que de Gérard Bouchard. La vision qui l'anime est forte et efficace : le Québec, tel un enfant qui dispose de tous les atouts pour s'élever, détenait, à l'instar de bien d'autres « collectivités neuves », la capacité de se refonder sur le mode de l'« inscription » plutôt que de la « prescription », c'est-à-dire comme nation politique entière. Or, cette prédisposition ne s'est pas réalisée. La question que l'historien place dès lors au cœur de sa démarche interrogative est la suivante : comment expliquer cette absence de (re)fondation politique — tout au moins jusqu'à maintenant — de la « nation québécoise » ?

Notons le déplacement subtil de l'axe de l'enquête ouvert par ce questionnement : il ne s'agit pas tant d'expliquer pourquoi le Québec *a* positivement évolué dans une direction en particulier — et, le cas échéant, de conceptualiser, voire d'assumer ou de « contresigner », la singularité de cet itinéraire original et acceptable[44] — que de saisir pourquoi il *n'a pas,* pendant longtemps, progressé dans le sens attendu, avant de se reprendre récemment pour, de nouveau, hésiter à s'accomplir définitivement.

Tout le projet interprétatif de Gérard Bouchard s'articule autour de cette question piégée et surdéterminée par l'idée négative d'un inachèvement du Québec, sorte de statut manqué ou inaccompli d'existence collective tenant largement, selon l'auteur, à la difficulté des Québécois de se percevoir et de se projeter comme totalité, de même qu'à leur peine de rompre avec leurs références françaises et européennes pour se constituer en une société originale sur le nouveau continent[45].

En un sens, si l'on suit la logique de l'historien, le drame des Québécois découlerait en bonne partie de leur incapacité à adopter une nouvelle attitude en matière d'identité, de leur difficulté aussi à s'arracher de soi[46].

Or, sous ce rapport, il ne fait aucun doute que Gérard Bouchard inscrit sa vision de l'expérience historique québécoise à l'aune d'une mélancolie pérenne que d'autres penseurs avant lui ont su nourrir de formules mémorables. L'auteur semble en effet vexé par ce que furent le déroulement et l'aboutissement du passé des siens *compte tenu de ce que ce passé aurait pu être.* Surtout, il refuse de prendre acte du sens de ce passé — ce qui, pour lui, serait une façon d'accréditer la fatalité de l'ayant-été — et d'assumer, par sa narration, ce qu'il perçoit comme étant un inaccomplissement regrettable et déroutant du groupe — regrettable parce qu'étant l'aboutissement d'un scénario *parmi d'autres non advenus*[47].

À cet égard, malgré les réserves que l'on est en droit d'entretenir à propos de la contrefactualité comme démarche intellectuelle, on ne doit pas être ici surpris par la position savante de Bouchard : pour lui, en effet, « la réflexion sur les non-événements fait [aussi] partie de la recherche historique[48] ».

Cela dit, l'historien ne reproduit pas à l'identique les thèses qui lui préexistent pour exprimer son « mal du pays ». Il cherche au contraire à actualiser un récit qui ne lui sied pas dans ses figures narratives habituelles et avec lequel il veut prendre ses distances. Gérard Bouchard ne situe pas son projet interprétatif dans le creux du paradigme de la survivance. Il l'inscrit plutôt dans celui de l'émergence. Son ambition n'est pas de protéger le groupe contre l'assaut des autres et les tourmentes de l'ailleurs en le réinstallant dans un horizon de pauvre continuité et de repli sur soi. Elle est d'accompagner les siens dans l'émancipation finale de leur conscience historique en rachetant leur itinéraire par une narration d'élévation collective placée sous l'égide de trois matrices identitaires : l'idéal civique de la reconnaissance et de la tolérance, l'assomption de l'hétérogénéité constitutive de la collectivité québécoise, l'expérience de l'édification d'une francophonie originale dans le contexte nord-américain[49].

Nourrir et soutenir par l'histoire la nouvelle démarche de rupture qu'il distingue dans la mouvance actuelle des Québécois (d'héritage canadien-français), telle est la volonté de Gérard Bouchard. De ce point de vue, l'auteur cherche à faire corps et esprit avec les siens dans la perspective du dépassement de leur passé. À l'instar d'un Serge Cantin et de bien d'autres, il choisit de soutenir son pays comme on porte un enfant — une disposition morale de l'intellectuel (franco-) québécois que nous commenterons plus loin.

Fort du paradigme de l'émergence à l'aune duquel il (re)pense le passé du Québec, l'historien construit sa thèse en quatre actes logiquement articulés les uns aux autres par deux événements clés : les Rébellions de 1837-1838 et la Révolution tranquille[50]. À noter que ces événements font intervenir et opposent chaque fois, mais dans des rapports de force différents et dans des situations renversées, non pas les francophones et les anglophones — ou encore les Québécois et les Canadiens —, « personnages » centraux du récit traditionnel de l'histoire du Québec, mais les forces de la Progression et de l'Émancipation (dont M. Bouchard salue le courage) contre celles de la Stagnation et de l'Empêchement (qu'il décrie franchement).

Dans cette histoire qu'il compose comme une musique identitaire pour les siens et où il tient le rôle de *maestro*, Gérard Bouchard donne pour victorieuses dans un premier temps, c'est-à-dire au milieu du

XIXe siècle, les forces de la Stagnation sur celles de la Progression. Cent ans plus tard, c'est le contraire qui survient. Dans les deux cas, l'espace national du Québec apparaît comme une arène où se déroulent des fragments de luttes universelles qui n'ont rien de sectaire ou de singulier et qui mobilisent des acteurs typiques de la modernité — les uns vertueux et les autres pitoyables — ayant pour volonté, c'est selon, d'offrir à leurs héritiers d'ici et au monde en général un capital d'avancement plutôt que de régression, ou inversement.

Il y a là, on l'aura noté, une reformulation à la mode, dans le sens de la générosité politique et de l'idéal postethnique de notre époque, de l'un des dynamismes les plus puissants de formation de la collectivité québécoise, à savoir le conflit, tout au moins la tension, entre les Franco-Québécois (antérieurement les Canadiens français) et les autres cultures constituant la formation sociale du Québec[51].

Quoi qu'il en soit, voyons comment s'organise le récit de l'historien où l'hypothèse nationale encercle et arrange tout :

• Au début — sorte de temps zéro de la vie collective — se trouve un noyau d'immigrants français qui, tout en s'appropriant les apports des groupes qui les entourent, ceux des Amérindiens en particulier, s'engagent graduellement dans un mouvement général et tranquille d'émancipation partielle contre la mère patrie. La Conquête et le traumatisme qu'elle provoque au sein de la population locale ne jugulent pas cette dynamique profonde de décrochage, voire de rupture, amorcée avec l'Europe. Au contraire, l'affirmation identitaire des Canadiens, qui exprime un désir embryonnaire mais ferme de recommencement dans l'américanité, se renforce envers et contre cet « autre », notamment l'administration coloniale, qui persiste à inscrire le développement de la colonie dans les grands axes de l'économie politique métropolitaine. Dès lors, et de plus en plus vivement et ouvertement, la problématique de l'*Ici* est contrariée par celle de l'*Ailleurs*. C'est dans ce contexte que commence à se manifester un sentiment national vivant — la « préhistoire » du *Nous-Autres les Québécois* d'après Bouchard — chez les Canadiens.

• À cet égard, les insurrections de 1837-1838 marquent un infléchissement majeur du processus d'affirmation amorcé. Il ramène la nation émergente à la case départ[52]. La volonté démocratique, exprimée clairement par des « gens d'Ici » — francophones surtout, mais anglophones aussi —, de se refonder collectivement dans un État républicain et libéral, laïc et autonome, est cassée par des « gens d'Ailleurs ». La mise au ban du Parti patriote conjuguée aux réprimandes constitutionnelles qui suivent les émeutes empêchent que ne s'enclenche un parcours politique de réappropriation de soi qui portait en lui le projet d'État indépendant, sanction et prélude tout à la fois d'un recommencement bienheureux de la nation à l'aune du rêve continental, du libéralisme triomphant et de la société civile émergente[53].

• Le cheminement du groupe est dès lors détourné. La collectivité « neuve » adopte peu à peu les réflexes d'une « vieille société ». Elle s'engourdit à cause de ses gens de lettres et de ses grands interprétants surtout qui, refusant de nommer le pays ou ne sachant pas le faire, se révèlent de piètres fiduciaires du sentiment national émergeant. Assumant plutôt que contestant les impasses dans lesquelles la nation est plongée et empêchant par là son essor, ces gens la condamnent, ni plus ni moins, à un statut de survivance et de marginalisation. Graduellement, la mémoire mythique des origines se substitue à l'exaltation du rêve américain : l'avenir est obstrué, la société apparaît coincée. Pris entre cette fausse conscience de soi que lui offre sa classe intellectuelle, d'une part, et l'incapacité devant laquelle il se trouve de donner à son américanité persistante mais découragée des formes culturelles originales, d'autre part, le peuple assimile, faute d'alternative, une référence nationale qui oblitère son potentiel d'émancipation progressiste et le ramène dans un état de repli entièrement centré sur l'idée de continuité comme vecteur de transcendance collective. Le Québec s'engage ce faisant dans une malheureuse diversion de destin par rapport aux sociétés apparentées d'Amérique. Ses manifestations affirmationnistes, visant à aménager la continuité comme idéal, le font s'enfoncer dans un horizon périlleux nourri par la pensée équivoque. Il survit ainsi dans un grand détournement de lui-même. Dans un premier temps brisé par l'autre qui lui refuse cette chance de couper court, sur les plans politique et symbolique, avec ses attaches européennes, le peuple québécois est, à partir du milieu du XIXᵉ siècle, inhibé par ses clercs qui, dopés par l'abstraction de la Grande France, lui donnent une voix qui contredit, voire rabat, les caractéristiques proprement américaines et tout à fait modernes de son existence empirique. Au prix de contrefaçons, de contorsions et de distorsions de sa réalité urbaine et hétérogène, d'une part, et de dénégations de ses formes originales et métissées d'expressivités culturelles, d'autre part, le groupe est réinscrit dans l'ordre et l'orbite de la continuité (option déplorable pour Bouchard), ce qui le fait dévier de son parcours historique. Entre le corps et l'esprit de la nation s'instaure *ipso facto* un déphasage fonctionnel mais préjudiciable, sorte d'aliénation interne, qui dure cent ans. Au chapitre de ses représentations globales, le Québec est travesti dans des habits de mauvais goût.

• Le méchant sort de la continuité est toutefois levé (mais non pas complètement lavé) au moment où de nouveaux *Aufklärer,* réenchantant l'agora par la fraîcheur et la pertinence de leurs interprétations, élaborent des représentations collectives qui sont en conformité avec l'état du sujet représenté. Le peuple est dès lors réanimé et la nation ravivée. Pour Bouchard, la Révolution tranquille marque en effet la réconciliation de la collectivité — rajeunie désormais — avec une conscience historique à sa mesure. La nation sort enfin de ses silences accumulés. Elle peut ainsi redécouvrir et surtout réexprimer son américanité constitutive et inaltérable. À maints égards, ce renversement de perspective paraît salvateur. Avec la Révolution tranquille, la collectivité québécoise entreprend en effet de se réinventer comme une « culture d'empreintes », soit dans le sens de l'élaboration d'une américanité québécoise en émergence, plutôt que comme une « culture d'emprunts », c'est-à-dire comme l'extension blême d'une européanité en dérive extraterritoriale[54]. Ce processus de redéfinition collective rend compte de la réinsertion de la nation dans une trajectoire de rupture, de décrochage et d'utopie continentale dont l'aboutissement attendu est celui d'un recommencement dans l'indépendance. Reprenant là où elle avait été arrêtée et libérée finalement de la fausse conscience dans laquelle on l'avait encapsulée, la nation québécoise est à même, si ses acteurs et participants en ont le désir, d'assumer une fois pour toutes son identité et de conquérir, comme ses sœurs jumelles l'ont fait avant elle, son américanité triomphante. D'héritière, la collectivité québécoise peut enfin devenir fondatrice.

Or, au grand dam de l'auteur, cette volonté d'émergence reste comme en état de suspension dans l'horizon, évitant de se matérialiser sous la forme d'un projet d'indépendance politique.

C'est sur cette conclusion, étonnante par rapport au récit qui la soutient et éprouvante pour lui, que la thèse de Gérard Bouchard vient s'échouer. On comprend mal en effet, d'après cette thèse qui veut que toutes les conditions gagnantes soient enfin rassemblées pour que les Québécois réalisent enfin leur rêve continental, que ceux-ci continuent d'hésiter dans leur décision.

Si tant est que, pour Bouchard, cette hésitation ne soit pas conceptualisée ni conceptualisable comme *lieu d'être*, mais seulement condamnée et condamnable comme *paradoxe identitaire*, la seule porte de sortie qui sied à l'auteur est d'insister sur la persistance, chez les Québécois d'aujourd'hui, de ces réflexes et complexes déplaisants associés à la fausse conscience et à la fausse représentation que, hier, les anciens clercs avaient bâties du groupe. Et telle est effectivement la direction que prend l'historien à la suite de bien d'autres auteurs avant lui qui n'ont jamais hésité à user d'interprétations culturalistes plus ou moins feutrées pour expliquer l'« ambiguïté désolante » des Québécois (d'héritage canadien-français).

Or, plutôt que de nous instruire sur la réalité complexe et indéterminée du passé, ces explications culturalistes font bien davantage état d'une démission de la part des narrateurs devant la tâche d'élucider ce qui saute aux yeux mais qu'ils ne désirent pas nécessairement voir ni révéler pour des raisons de pertinence politique du récit.

Cette abdication intellectuelle, que l'on évitera de condamner *ex cathedra*, est le propre du projet interprétatif de Gérard Bouchard. Son récit, en effet, n'est pas d'abord une thèse explicative et compréhensive de l'itinéraire historique particulièrement compliqué mais original d'une communauté historiale et mémorielle s'étant empiriquement formée dans le passé et cherchant à découvrir, par l'usage de la ligne du risque calculé, l'option la plus accommodante du moment pour continuer sa marche avec et contre ses partenaires changeants et variés. Il s'agit davantage d'une narration visant à *racheter* les habitants du Québec, ceux d'hier comme ceux d'aujourd'hui, en les présentant sous l'angle d'une nation d'émergence et en mouvance contre ses Empêcheurs extérieurs, contre les Fossoyeurs de sa vraie conscience et, finalement, contre Elle-même dans son exaspérante ambivalence d'êtres.

Na(rra)tion de rachat et œuvre œcuménique

Pour apprécier à sa juste valeur la contribution scientifique de Gérard Bouchard, il est nécessaire d'établir une distinction entre ses travaux d'ordre empirique et ses écrits de synthèse.

Les premiers sont absolument remarquables. Quiconque s'adonne à l'étude sérieuse de la société québécoise en cherchant à la saisir dans ses aspects et contours morphologiques ne peut ignorer l'apport majeur de l'historien de l'UQAC, surtout en ce qui touche à la société saguenayenne.

À l'opposé, ses textes de synthèse — les derniers en particulier — font état d'une étonnante simplicité de vues, quant aux dynamismes centraux et globaux de l'expérience historique québécoise. Non pas que l'homme ait perdu ses facultés d'interprétant. Disons plutôt qu'il refuse, par conviction et souci politiques, de tirer les conséquences de ce qu'il observe dans la matière du passé. Ce refus s'exprime notamment par l'usage du concept de paradoxe pour penser — ou plus justement pour ne pas penser, ce qui est différent d'« impenser », nous y reviendrons — les « articulations » constitutives de ce que fut en fait, et de ce qu'est toujours à plus d'un titre, l'aventure (franco-)québécoise en sol nord-américain.

Chez Bouchard, le concept de paradoxe, comme celui d'ambiguïté, permet en effet de contourner la difficulté de conceptualiser ce qui, dans l'accomplissement du passé, se donne pour ambivalent, contradictoire ou difficilement explicable, mais qui, pour des raisons qui n'appartiennent plus au passé mais davantage à l'histoire que l'on fait de ce passé ou au projet politique que soutient cette histoire, ne peut être laissé dans un état aussi déplorable d'effectuation[55] ou, le cas échéant, dans une telle condition d'indétermination et d'approximation interprétatives.

Dire qu'une attitude est paradoxale, c'est laisser entendre, dans le cas d'un individu réputé équilibré, qu'il heurte par son comportement le bon sens de sa trajectoire préalable et qu'il fait digression par rapport à ses conditions objectives et attendues d'évolution. À l'échelle d'un collectif réputé entier, l'attitude paradoxale marque l'inadéquation de l'action du groupe avec l'ordre du récit défini par le narrateur. En clair, le paradoxe n'est pas celui du groupe qui, en situation d'indisposition continuelle avec lui-même et dans la tension irréductible qui lie les passions et les intérêts de ses participants, cherche sa voie dans le flux de ce qui ne cesse d'advenir. Le paradoxe découle plutôt de la démarche intellectuelle du narrateur qui, prisonnier des apories de sa vision, se lance dans une interprétation sans issue dont le dénouement réside dans l'usage d'un raisonnement spécieux.

Et, de fait, le projet interprétatif de Gérard Bouchard paraît fondé sur une aporie — celle de l'existence antérieure et actuelle de la « nation québécoise » — dont il est parfaitement conscient mais qu'il décide d'assumer jusqu'au bout.

La lucidité dont fait preuve l'historien par rapport à la contradiction centrale de son interprétation — il parle plutôt d'un « pari » sur le présent et l'avenir — s'exprime d'ailleurs de manière on ne peut plus explicite dans l'interrogation suivante : comment, écrit-il, tout en étant inspiré par la science historique, peut-on projeter dans le passé une cohésion collective qui ne se trouve pas dans le présent — et qui, à l'évidence ajouterions-nous, ne s'est pas davantage manifestée dans le passé[56] ?

Autrement dit, est-il possible et scientifiquement fondé de représenter le passé du Québec et des Québécois sous l'angle d'une histoire de la nation au sens où l'entend Gérard Bouchard, c'est-à-dire comme une communauté politique et historique globale et englobante sur le plan identitaire ?

À cette question, la rigueur intellectuelle et le simple respect de l'expérience historique du Québec et de ses habitants en terre américaine commandent de répondre par la négative — constat auquel, par clairvoyance bien qu'avec un certain regret mais sans aucune contrariété, Fernand Dumont était déjà parvenu[57].

S'armant d'un autre courage et se réclamant d'un impératif supérieur, Gérard Bouchard refuse toutefois ce bilan et propose de substituer à la raison parfois désespérante et insuffisante de la science celle, plus utopique mais en certains cas indispensable à ses yeux, de la nouvelle Cité à construire.

Pour Bouchard, le pari de l'historien — comme intellectuel et citoyen — est en effet d'assumer ses obligations à l'égard du présent et d'en tirer les conséquences sur le plan de ses démonstrations. En clair, la science historique ne peut décliner cette responsabilité qui lui incombe de contribuer à mettre en place les fondements d'un consensus et d'imprimer à la société une direction nouvelle[58]. Cette responsabilité, chez Bouchard, semble d'ailleurs complémentaire de l'entreprise savante. À vrai dire, l'auteur ne voit aucun péché à faire contribuer la science historique à la culture qui se fait. Ne rappelle-t-il pas que l'impératif identitaire et national est celui devant lequel, *nolens volens,* les historiographies finissent immanquablement par se ranger dans leur devoir de créer de la cohésion sociale et politique plutôt que de la dissension et de l'indécision ? Pour l'auteur, la démarche scientifique se mesure en fait à la cohérence des enchaînements qui se construisent en aval du savoir (principe de démonstration), et ce, dans la perspective des balises annoncées qui composent l'amont de la connaissance (principe d'interprétation). Or, à cet égard, Gérard Bouchard affiche franchement ses couleurs. Il écrit[59] :

Le modèle de la nation québécoise est encore celui qui ouvre les perspectives les plus riches à notre société ; c'est aussi celui qui permet d'éviter ou de résoudre le plus de difficultés, tout en conciliant les impératifs du droit, de la sociologie et de l'histoire. [Ce modèle] affirme la possibilité, au Québec, d'une nation culturelle qui se superpose à la nation civique (ou au peuple). Il favorise à la fois le respect de la diversité, le maintien d'une cohésion collective, la lutte contre la discrimination. Il préconise une configuration originale qui s'inspire des modèles classiques ou types idéaux les plus progressistes, tout en reflétant la situation et les aspirations du Québec d'aujourd'hui. Enfin, il suggère essentiellement une redéfinition, un élargissement du nous collectif en l'associant non plus aux Canadiens français mais à l'ensemble de la francophonie québécoise.

Nous touchons là le fin fond du projet interprétatif et du programme historiographique de Gérard Bouchard : reconstruire la nation québécoise, la rassembler malgré ses dissensions et ses éparpillements plus ou moins structurants, dans une idée sublime, salutaire et libératrice de francophonie nord-américaine, francophonie mue et promue par un projet de développement collectif. C'est en ce sens que, pour désigner l'entreprise narrative de l'historien, nous en parlons comme d'une tentative de rachat du parcours du groupe dans le sens de sa transcendance et de sa refondation collectives.

Il y aurait largement matière à démontrer, sur la base d'une analyse serrée des écrits de synthèse de Gérard Bouchard, à quel point l'auteur, par volonté d'assumer cette responsabilité politique qu'il fait sienne pour le bénéfice de ceux qu'il aime, tend à racheter systématiquement le passé du Québec et de ses habitants dans une histoire de salut collectif. C'est par rapport à cette finalité rédemptrice qu'il faut ainsi comprendre ses appels et efforts pour présenter les Amérindiens comme les premiers Québécois et non pas seulement comme les habitants originels du territoire du Québec ; pour désactiver la trame ethnique par laquelle on a surtout vu et décrit, jusqu'à maintenant, l'expérience historique du Québec ; pour défaire le nœud des héritages collectifs et des « fausses représentations » des Québécois en réécrivant l'« équation identitaire » du groupe selon la formule $Q = - F + GB + USA^2 - R$[60] ; pour intégrer, sous l'empire de l'idée de la nation, tous les acteurs et toutes les composantes culturelles de la formation sociale du Québec, comme si l'ensemble de ce qui s'était passé sur le territoire québécois était de l'ordre de la nation ; pour exclure de l'histoire nationale ce qui peut subsister de ressentiment et d'agressivité dans la mémoire canadienne-française ; et ainsi de suite.

Tributaire d'une vision historique qu'il qualifie de large, d'inclusive et de généreuse — ce que l'on ne contestera pas et qui est tout à son honneur —, Gérard Bouchard apparaît pourtant prisonnier, également sinon davantage, d'un modèle qui épouse bien l'utopie qu'il porte mais qui se moule mal au passé tel qu'il fut et au présent tel qu'il est. En fait, l'historien semble à l'heure actuelle consterné, voire désemparé, par ce qu'il observe au sein de sa nation. Il procède à cet égard à deux constats piteux :

• D'abord, après un demi-siècle de Révolution tranquille, le Québec apparaît toujours, regrettablement, en transition ; sous différents rapports, son avenir est même devenu incertain. Divers indices en témoignent : la vieille identité canadienne-française connaît présentement une résurgence ; les Anglo-Québécois se montrent réfractaires à un projet national qui leur a toujours paru suspect et qui, il faut bien l'admettre, « est devenu un peu ambigu » ; les Amérindiens affirment leur propre volonté autonomiste ; les Néo-Québécois sont partagés, plusieurs d'entre eux s'intégrant à la communauté linguistique anglophone, mais la plupart adhérant à la nation canadienne[61].

• Il y a plus préoccupant : d'anciennes conceptions de la nation réapparaissent, ouvrant la porte au retour de la pensée ethnique. Portée par d'influents penseurs au nombre desquels il faut même compter un Fernand Dumont, ces conceptions soulignent le caractère indépassable de la référence canadienne-française (ou franco-québécoise) dans l'élaboration d'une vision d'avenir pour le groupe et la collectivité. En clair, d'après ces vues que critique vertement Bouchard, l'horizon du Québec ne peut être délié, sauf pour des fins de mystification partisane dont la souveraineté n'est qu'une variante, de la promotion de la communauté francophone, nation à part entière. Penser la nation du Québec autrement que comme une juxtaposition de cultures — ou de sous-nations si l'on veut — en concurrence, en tension et en conflit les unes par rapport aux autres est non seulement, dans la perspective de ces visions « ethnicisantes » qui déplaisent carrément à l'historien de l'UQAC, aller à contre-courant de ce qu'a fait le passé et que l'actualité démontre toujours ; c'est également porter préjudice à la survie de la culture franco-québécoise en l'emboîtant dans un cadre national relevant largement de l'illusion[62]. Que faire dans les circonstances ?

Devant les problèmes évidents de réciprocité et de réconciliation collectives qui se manifestent dans l'arène politique québécoise au dire de Bouchard, d'une part, et face aux visions désuètes — incarnations du vieux syndrome de la survivance selon le penseur — qui portent en elles la possibilité d'un destin sans issue et d'une aliénation irrémédiable pour la collectivité québécoise, d'autre part, l'historien de Chicoutimi choisit de s'investir en (con)science, c'est-à-dire comme citoyen et scientifique responsable, dans une opération de raplombage de l'identitaire collectif.

Plutôt que de rester coi et d'attendre le désenchantement final de l'idée de nation ou d'assumer le repli de cette idée sur des bases ethniques et de voir ainsi le Québec déboucher dans l'impasse, Gérard Bouchard préfère s'en remettre à une autre entreprise qu'il considère comme étant éminemment légitime et utile *pour* l'avenir[63], soit de réaménager la nation afin de la redéployer dans la diversité, pour hier et aujourd'hui.

Jusqu'où l'historien est-il prêt à se rendre pour fonder et soutenir ce « défi exaltant, ce projet d'ouverture, cette œuvre de civilisation » qui anime sa quête historiographique et son engagement civique? Très loin, semble-t-il : en direction du passé, on l'a vu, jusqu'à reconjuguer la collectivité au temps de la nation en insérant toutes les appartenances sociales et sociétales, fussent-elles bien étrangères à l'axe national, dans le cadre global d'une communauté politique qu'il donne comme équivalente à la nation (malheureusement non souveraine); en direction du présent, il l'a écrit dans un texte cinglant, jusqu'à jeter au feu de la Saint-Jean toutes les souches encombrant le lieu de la nation en espérant que, des cendres, naisse une espèce renouvelée et enrichie de Québécois[64].

Offrande à l'avenir des siens, la na(rra)tion de rachat de Gérard Bouchard est voulue comme rien de moins qu'une œuvre de catharsis historique dans le sens de l'instauration d'un nouvel œcuménisme collectif. C'est ainsi que l'on peut et que l'on doit commenter et apprécier le travail de l'historien.

Critique du projet bouchardien

Disons-le sans détour pour qu'il n'y ait pas de malentendu : on aurait tort de critiquer sans ménagement l'entreprise intellectuelle de Gérard Bouchard. L'auteur, en tant qu'intervenant qui assume jusqu'au bout sa responsabilité de narrateur, cherche à établir un rapport bienheureux entre une représentation du parcours historique de la collectivité québécoise, parcours qu'il définit comme l'espace d'expérience de la nation, et l'utopie qui préside à sa démarche historienne, soit l'horizon d'attente qui l'inspire et par rapport auquel il se situe comme sujet pensant et agissant.

Certes, la simplicité relevée de son interprétation et l'usage orienté de sa méthode — le comparatisme — déçoivent. Mais là n'est pas le problème le plus criant. Nous admettons volontiers que l'acte interprétatif doive être limité, d'un côté, par le veto des faits — une contrainte que nous posons comme incontournable — et, de l'autre, par la nécessité de parvenir à une reconstitution cohérente des choses — une finalité qui nous semble souhaitable, voire indispensable.

Dans le cas du projet bouchardien, il apparaît toutefois que l'équilibre *acceptable* entre la valeur scientifique de l'interprétation et sa vertu politique fait défaut. Non seulement le passé est embrigadé dans la perspective d'une problématique contraignante et finalement simplificatrice, mais l'utopie désirée semble elle-même, si on aborde la question du Québec à partir d'une position pragmatique qui tienne compte des axes historiques structurants de la formation sociale du Québec, peu réaliste. Pour tout dire, l'histoire de la nation telle que la fait et l'appelle Gérard Bouchard ne permet pas d'articuler le souvenir au devenir sur un mode heureux ou porteur dans le cas de la collectivité québécoise d'hier et d'aujourd'hui. C'est pour cette raison, d'abord et avant tout, qu'il nous semble pertinent de critiquer sa vision.

Cela ne signifie évidemment pas que certaines propositions du savant ne soient pas recevables. Ainsi, le souhait qu'il émet voulant que l'on revoie autrement toute la question des rapports entre les Autochtones et les non-Autochtones à l'époque coloniale, en préconisant une perspective qui présente les seconds comme des « envahisseurs », semble amplement justifié. De là, toutefois, à considérer les Autochtones (et notamment les Amérindiens) comme les habitants originels *du Québec,* voire les premiers *Québécois,* et à faire commencer l'histoire de cette formation sociale avec l'immigration amérindienne et inuit en Amérique du Nord, il y a un pas que la simple rigueur scientifique ne devrait pas permettre de franchir. Il y a de même une audace interprétative que l'observation lucide de la société contemporaine du Québec n'autorise nullement. On peut bien souhaiter que les communautés amérindiennes, entre autres groupements, fassent partie de la collectivité québécoise (ou canadienne) ; on peut bien aussi, dans ce dessein, rechercher des voies histori(ographi)ques pour adapter l'idée nationale à l'impératif de la diversité ethnique et culturelle du Québec (ou du Canada) en privilégiant l'optique de l'insertion et de l'intégration sur celle de la différence et de la discordance : encore faut-il être bien conscient du fait qu'il s'agit là d'un *pari politique* que le passé soutient maladroitement et que le présent n'admet que de manière limitée[65]. De ce point de vue, il semble que Gérard Bouchard, dans son désir de ne pas être à la remorque du passé, commette l'imprudence de trop s'en distancier, ce qui n'apparaît pas comme une solution satisfaisante.

Dans sa complexité irréductible, la factualité du passé offre en effet une image beaucoup plus confuse, incertaine et dissonante des rapports entre Autochtones et non-Autochtones. S'il est possible de faire état, à propos de ces deux « cultures génériques » s'étant rencontrées dans un même espace d'interrelations économiques et sociales, d'échanges, d'emprunts, de transferts, d'apprivoisements partiels et d'accommodements mutuels, et s'il est tout à fait approprié d'insister sur l'assimilation effective, tant par les Autochtones que par les non-Autochtones, d'éléments, d'objets, de rites et de symboles appartenant à l'« autre », cela ne signifie nullement qu'il y ait eu convergence, diapason ou volonté d'imbrication des deux cultures[66]. À vrai dire, c'est plutôt le contraire qui s'est passé, la domination et l'exclusion des uns par les autres ayant été au centre des rapports entre Autochtones et non-Autochtones.

En fait, en dépit de leur interaction continuelle, ces deux groupements se sont largement reproduits de manière détachée, et ce, dans un rapport de tension parfois constructif, parfois malheureux. Cela ne devrait pas surprendre. L'histoire nous apprend en effet que les cultures, plutôt que de se mélanger dans des unions hybrides, s'approprient souvent, par l'entremise d'interactions de toutes natures, les apports extérieurs et les digèrent en les amalgamant à leurs propres cosmologies. Tel fut certainement le cas en ce qui a trait aux Autochtones et aux non-Autochtones coexistant dans la vallée étendue du Saint-Laurent ou dans l'œkoumène laurentien.

On peut dès lors s'interroger en ces termes : est-il préférable, dans la perspective de construire l'avenir et de fonder la nouvelle « nation québécoise », d'établir une filiation symbolique entre Autochtones et non-Autochtones en considérant les premiers comme les ancêtres des seconds — sorte de « métissage mémoriel rétroactif » qui apparaît carrément excessif[67] —, ou faut-il plutôt reconnaître que les uns et les autres ont largement évolué dans des « mondes » distincts, ce qui ne signifie pas des mondes étanches, établissant leur voisinage sur la base de rapports de coopération ou d'antagonisme dont il est possible, en acceptant lucidement l'existence de ce *double bind,* d'extirper un capital de plénitude plutôt que de nocivité, et ce, *pour* l'édification d'un avenir fait de réparations, de compromis et d'alliances acceptables pour tous?

Évidemment, il faut être bien conscient de l'ordre des possibles et des pensables ouvert par l'une ou l'autre option.

Dans le premier cas — qui autorise le détachement et la libération des contemporains de ce qui fut, notamment au chapitre des blessures inguérissables de l'histoire—, le passé est revu et corrigé dans l'horizon de l'utopie de la coïntégration, le présent est conjugué au futur antérieur de la nation, le devenir enveloppe complètement le souvenir. Il n'y a qu'une seule issue sur le plan politique : la refondation, la révolution des cœurs et des esprits, la renaissance du Québec et du Québécois par émaillage et laminage de l'ayant-été, bref le recommencement total dans l'idéal national.

Dans le second cas — qui suppose la reconnaissance et la prise de distance des descendants par rapport à ce qui fut —, il y a acceptation critique de la factualité du passé mais non pas de sa fatalité, c'est-à-dire qu'il y a admission d'un précipité inaltérable laissé par l'effectuation de la vie humaine dans l'espace-temps — à savoir les cultures distinctives —, mais il y a aussi, *sur cette base,* recherche responsable et morale d'aménagements narratifs et sociétaux qui soient favorables, heureux et porteurs pour le présent et pour l'avenir tout en étant compatibles avec une lecture nuancée, rigoureuse et intégrale de ce qui fut. Sur le plan politique, le choix est net : la société s'enrichit continuellement à coups de pragmatisme et de compromis, d'accommodements et d'amendements, de perfectionnements et de bonifications. Le postulat sous-tendant cette démarche compréhensive et progressive paraît clair : la révolution, la refondation et le recommencement n'ont pas le monopole de l'amélioration ; les renaissances ne sont pas toujours nécessaires pour faire advenir ce qui semble bien et bon ; la situation prévalant actuellement au sein de la société québécoise n'est pas celle de la crise identitaire ; à chaque blessure sa cure appropriée.

On l'imagine, le projet réinterprétatif de Gérard Bouchard ne se limite pas à la révision des rapports entre Autochtones et non-Autochtones. Ce travail de réinvestigation porte également sur la nature des liens ayant marqué les différents groupes linguistiques et culturels qui ont évolué et se sont déployés sur le territoire du Québec. Or, à cet égard, la finalité visée par l'historien est tout aussi renversante que dans le cas des Autochtones. Il s'agit en effet, ni plus ni moins, de reconformer le visage de la nation et de revoir le contenu de sa narration à l'aune du parfum de la diversité et de l'universalité, et ce, envers et contre celui de l'ethnicité et de la survivance. Plus encore, il s'agit, en élargissant le cercle de la nation au maximum de son extension, d'insérer et d'intégrer, dans le lieu de la na(rra)tion, tous les acteurs, tous les groupes, toutes les cultures et ethnies, et tous les segments ayant appartenu à la formation sociale du Québec, hier ou aujourd'hui.

Certes, Bouchard n'envisage pas de récuser dans son récit l'idée d'une pluralité de communautés vivant et se reproduisant au Québec. Il ne désire pas davantage diminuer le « drame » historique vécu par les francophones québécois. Cela dit, sensible à la nécessité de sortir des impasses apparentes du passé qui, selon lui, mènent à des crispations ou à des durcissements identitaires, il n'entend pas non plus faire de la thèse des cultures en tension l'un des axes structurants du parcours de la collectivité québécoise. Dans la narration bouchardienne, il n'y a plus telle ethnie (ou telle culture) contre telle autre. Il y a plutôt une collectivité luttant contre la tutelle impérialiste qu'elle subit depuis longtemps, dès même l'époque du Régime français[68]. Il y a de même une collectivité qui cherche à construire son américanité comme actrice de sa destinée d'ici et non pas comme héritière des visées d'ailleurs. Il y a enfin une collectivité qui, tout en étant marquée par des disputes internes, d'ordre ethnique notamment, se conjugue néanmoins depuis toujours sur le mode de la coïntégration et non pas simplement sur celui de la coexistence.

De nouveau, le jugement critique et le réflexe scientifique du chercheur de l'IREP semblent ici emportés par la visée thérapeutique de son interprétation et par l'idéologie politique qui anime son projet civique.

Non seulement il désactive abusivement une constante du passé de la formation sociale du Québec, à savoir la nature tendue (bien que continuellement résolue ou subsumée) du rapport entre les francophones de la province et les autres Québécois, mais il cherche en outre à amoindrir la densité des différenciations, voire des séparations, tout au moins des discordances internes à la « collectivité nationale », et ce, au profit d'une accentuation de ses lignes externes de démarcation et de distinction.

Dans la vision bouchardienne de la francophonie québécoise, la ligne identitaire définissant et circonscrivant le groupe est on ne peut plus claire : d'un côté il y a *Nous (tous) les Québécois* ; de l'autre se retrouvent ceux qui n'en sont pas pour des raisons d'extraterritorialité, d'absence de sympathie envers la nation québécoise ou d'auto-exclusion. C'est en effet sur la base de la réification et de la consécration du Tout contre ses constituantes « désobéissantes » et ses « rebelles intérieurs » (notamment ces éléments qui cherchent volontairement à s'« exclure » de la nation), et par rapport à ses adversaires ou partenaires extérieurs, que Gérard Bouchard délimite le lieu de la nation québécoise[69]. Or ce lieu est largement artificiel. Il n'a de sens qu'en fonction de l'horizon attendu par l'historien — soit la formation d'une communauté politique souveraine fondée sur l'idée de francophonie ouverte, de culture québécoise et de projet de développement collectif — et non pas en fonction de l'expérience vécue par les acteurs, à savoir un territoire où évoluent et se reproduisent, depuis longtemps ou récemment, des communautés de culture s'influençant mutuellement dans les transactions spontanées et imprévisibles de la vie quotidienne, interagissant dans le bonheur, la lassitude ou la douleur, c'est selon, mais ne démentant nullement leurs ancrages et leurs lieux spécifiques de mémoire dont plusieurs mouillent hors le « territoire national ». Faut-il voir dans cet empirisme tranquille, et dans sa reconnaissance sur les plans intellectuel et politique, misère, démission et velléité de repli ou catastrophe en devenir, comme semble le croire le professeur de l'UQAC ?

Gérard Bouchard parie en fait sur la nation, ou plutôt sur cette nouvelle nation qu'il distingue dans ses bruissements et sa fragilité émergente, en cherchant à faire avec le passé autre chose que ce que le passé a fait du Québec, comme si la situation actuellement vécue dans la province était tragique ou évoluait vers un cul-de-sac. Or, contrairement à ce que voudrait bien l'auteur mais en accord avec ce qu'il lui faut tout de même constater, le Québec contemporain reste largement tributaire de sa donne historique — celle de l'ambivalence d'êtres et des ancrages croisés —, donne que ses habitants, la majorité francophone au premier chef, ont appris à maîtriser depuis un bon moment en sachant en tirer avantages et occasions favorables tout en y trouvant un refuge apaisant.

Pour plusieurs, la maîtrise de cette donne exprimerait l'assimilation, par les Franco-Québécois, anciens Canadiens français, d'un certain complexe de colonisés[70]. Nous dirons plutôt qu'elle renvoie au destin d'une minorité linguistique évoluant, à l'échelle continentale, dans le voisinage d'une culture hégémonique et qui, pour continuer d'être et de s'épanouir, a su marier la sagesse réflexive à la pratique habile du risque politique calculé. Cette minorité, qui est majorité en un territoire bien circonscrit du Canada, soit le Québec, forme une communauté de mémoire, d'histoire et de culture indéniable et distinctive des autres communautés québécoises de même que, *a fortiori*, des francophonies canadiennes. Elle dispose par ailleurs, ce qui n'est pas rien, d'un accès direct et ample à un État, fût-il « tronqué » ou « amputé » comme on le dit, ce qui lui permet d'avoir voix au chapitre et d'exprimer son identité par des voies institutionnelles. Elle est — troisième caractéristique — partie intégrante (en fait composante principale et majoritaire) de la formation sociale du Québec, celle-ci étant à son tour constitutive d'une formation sociale instituée plus grande, celle du Canada. La formation sociale du Québec existe comme la réunion historique de groupements par référence qui, tout en voisinant les uns avec les autres, tendent à se reproduire en échangeant sans pour autant s'effondrer dans une nébuleuse culturelle indistincte ou englobante. Ensemble, ces groupements, qui pratiquent la tolérance réciproque de manière enviable et qui ont très rarement manifesté ou aménagé leurs différends sur le mode du conflit ethnique, alimentent en idées et en projets un espace public commun où tout un chacun, exprimant son individualité ou se réclamant d'un groupe, voire d'une communauté d'appartenance, peut faire valoir ses vues. Celles-ci sont prises en charge — ou ne le sont pas — par le gouvernement qui les retraduit toutefois dans des formes légales et dans un langage juridique acceptable pour une communauté politique (que l'on pourrait aussi nommer collectivité civile) qui est tributaire et fiduciaire de la démocratie représentative tout en étant soucieuse du bien-être individuel et commun de ses membres.

On peut bien si l'on veut décider d'appeler « nation québécoise » ce que nous nommons pour notre part formation sociale du Québec. En pratique, cela n'a guère d'importance sur le plan sociologique. Mais il faut être bien conscient du fait que la « nation » envisagée sur ce mode n'est rien de plus qu'une entité politique générale qui ne transcende pas ses différences culturelles constitutives (doit-on nommer ces cultures « sous-nations[71] ? »), non plus qu'elle se reconnaît exclusivement dans l'idée générique de francophonie, non plus qu'elle use du vocable de la nation pour se représenter intégralement dès lors qu'elle s'affiche dans sa totalité constitutive et intégrative. La « nation du Québec », si tant est que l'on tienne absolument à user de ce concept, renvoie au (re)groupement des francophones d'héritage canadien-français et à ses « assimilés ». Prétendre le contraire est, à l'heure actuelle tout au moins, faire preuve d'égarement et d'illusion davantage que de lucidité et de clairvoyance.

Cette réalité de la formation sociale du Québec, qui est aussi relativité de l'idée de la « nation québécoise », Gérard Bouchard ne veut toutefois ni la reconnaître ni l'assumer. Parler de culture franco-québécoise (ou canadienne-française) relève pour lui d'une vision ethnographique ou d'une conception substantialiste des groupements humains. Il a tort. La structuration sur un mode ethnique de la formation sociale québécoise, comme de la très grande majorité des formations sociales dans le monde, est un fait sociologique incontournable qui ne présente pas nécessairement de problème. En fait, les cultures qui, au sein du territoire québécois, se rencontrent dans des échanges fructueux sans pour autant cesser de se reconfirmer et de se reconformer dans leur identité, leurs héritages et leurs idéaux, font de l'espace culturel du Québec un lieu de libertés et de différences qu'il importe de préserver, voire de protéger. À vrai dire, la culture québécoise — c'est-à-dire, dans notre optique, la culture variée qui s'exprime au sein de la formation sociale du Québec — est depuis longtemps (et sera encore pour un bon moment) le produit d'une double tension créatrice entre métissages et filiations, d'une part, et entre forces centripètes (tout ce qui tend vers une trame partagée) et forces centrifuges (tout ce qui pousse à la diversification), d'autre part. Cette double tension, cela ne fait aucun doute, doit être entretenue. C'est à cette condition seulement, comme le soutient Bouchard lui-même, que la coexistence de composantes culturelles disparates peut se traduire en invention, en créativité et en véritable enrichissement pour tous[72].

Certes, il se peut que la reconnaissance du caractère incontournable et vivifiant de l'ethnicité sur le territoire québécois soit un problème pour la réalisation de la souveraineté du Québec. Mais l'est-elle pour l'avenir de la formation sociale du Québec? L'est-elle de même pour la progression de ce groupement par référence que constituent les francophones du Québec? L'est-elle également pour le bien-être et le bonheur de ceux qui se retrouvent ou se reconnaissent dans ce groupement?

Répondre par l'affirmative à ces questions, comme le fait Gérard Bouchard, c'est exprimer un parti pris politique que le langage de la science historique camoufle mal. De notre point de vue, cette optique partisane constitue d'ailleurs le soubassement de l'édifice interprétatif de l'historien. À lire son propos, c'est comme s'il y avait problème à ce que la formation sociale du Québec ne soit pas exclusivement nation ou que la « nation (franco-)québécoise » ne recouvre pas entièrement la collectivité québécoise ni ne coïncide complètement avec elle. Si tant est qu'il y ait problème, il tient davantage selon nous à la raison politique de M. Bouchard qu'à la tragédie effective ou latente qui marque(rait) le Québec.

Dans le refus conscient d'endosser le sens de l'expérience historique et actuelle des siens se trouvent d'ailleurs le nœud et l'impasse tout à la fois du projet intellectuel bouchardien : pourquoi découvrir, fonder, provoquer et réaliser la nation à tout prix si tant est que la majorité des Québécois, les francophones y compris, s'accommodent assez bien, quoique dans une ambivalence de cœur et de raison qui leur est structurelle, des *modus vivendi* et des *modus operandi* qui existent à l'intérieur et à l'extérieur de leur lieu d'êtres ? L'ambivalence et la coexistence en tension avec l'« autre » seraient-elles, pour le groupe, options nécessairement suicidaires, démission devant l'œuvre à accomplir, rejet de l'utopie solidaire ? N'exprimeraient-elles pas plutôt une certaine sagesse réflexive — sagesse d'ailleurs expérimentée par les anciens et léguée à leurs descendants — dans la perspective de la construction d'un présent et d'un avenir définis suivant la ligne heureuse du risque calculé, du respect mutuel des cultures et de l'amitié des parties ?

Il n'est pas dans notre intention de reprendre ici un débat qui outrepasse largement le cadre de cet article. Dans le cas de Gérard Bouchard, on peut penser que cette quête de nation politique, qui s'arc-boute à l'existence d'une nation culturelle qu'il voudrait voir se dépasser dans une épiphanie d'altérité, d'« étaïté » et de souveraineté, tient à son modèle déjà décrit de l'accomplissement ultime de l'Être-(collectif-)en-soi, accomplissement qui passe par l'achèvement de la communauté originelle dans l'État souverain. En clair, selon Bouchard, l'accession à l'indépendance politique permettrait aux Québécois, et aux Québécois d'héritage canadien-français en particulier, de se réaliser une fois pour toutes, c'est-à-dire, finalement, de cesser de survivre pour plutôt se développer pleinement comme nation et société francophone responsable.

Derrière cette argumentation se cache en fait une utopie de refondation dont l'imaginaire canadien-français est puissamment porteur et qui inspire depuis toujours, à côté d'autres sources d'activation, une quête d'affirmation remontant loin dans le temps. Derrière cette argumentation se découvre aussi un désir de représentation politique formelle — certes légitime, mais plus ou moins bien justifié par les partisans de l'indépendance — dans le grand jeu des

États contemporains. Derrière cette argumentation se dissimule enfin l'indisposition d'un intellectuel devenu impatient d'attendre qu'une collectivité, la sienne, sorte enfin de son ambiguïté réputée — et de sa « pensée équivoque » — pour s'élancer dans la reconquête définitive de soi.

Briser la circularité du Québec et transformer les Québécois d'héritiers en fondateurs, comme si cette formation sociale et cette collectivité étaient empêtrées dans un devenir enrayé et dans la survivance, tel est le but recherché par Gérard Bouchard. On cherchera en vain, dans son projet intellectuel, une avenue appropriée pour appréhender globalement le passé de la formation sociale du Québec et envisager son avenir.

Quelle histoire
pour l'avenir du Canada*?

Il est une question qui hantera l'horizon du Canada au XXIᵉ siècle. Ce sera celle du grand récit collectif sur lequel s'élèvera la vision du pays — si tant est qu'une vision de ce pays soit pensable et qu'un récit soit possible, ce que je crois, ce qui paraît souhaitable[1].

À l'heure actuelle, les visions et récits du passé circulant dans l'espace public du Canada se révèlent davantage fâcheux que vertueux en ce qui a trait à la préparation d'un avenir heureux pour le pays. La plus grande partie des efforts visant à résoudre les formes de dissension et de discordance structurelles marquant l'entité canadienne sont dirigés vers la sphère politico-constitutionnelle. La sphère historiale, dont on sous-estime l'importance pour rouvrir l'avenir du Canada sur un mode porteur, est largement laissée de côté[2]. Les pouvoirs politiques l'investissent bien sûr, mais en vue de créer de toutes pièces une représentation à la mode de l'expérience historique canadienne,

* Texte repris avec la permission de The University of Toronto Press Incorporated.

représentation ayant pour objectif avoué de « bâtir un Canada fier et fort de son patrimoine ». De son côté, la communauté intellectuelle semble éprouver beaucoup de difficulté à forger, sous une forme qui soit respectueuse tout à la fois de la rigueur scientifique et de la pertinence politique du souvenir, une narration de médiation et de conciliation plutôt que de séparation. Orpheline de vision(s) responsable(s), la population assimile, par rumeurs, vulgates et clichés notamment véhiculés par les médias et les incendiaires de tout acabit, un répertoire de représentations qui tarissent son imagination politique et sa conscience historique plutôt qu'elles ne les allument d'une volonté d'ouverture, de réciprocité et de reconnaissance mutuelle. Nous en sommes là.

S'il est, dans l'actualité du Canada, d'exceptionnelles réussites, il est également une faillite déplorable : il n'existe pas de représentation globale du pays qui reconnaisse ce que fut l'expérience historique canadienne dans ses tiraillements irréductibles, certes, mais aussi dans son indéniable force de récupération.

C'est ce défi — celui de (re)penser l'expérience historique canadienne dans ses dissonances structurantes et ses ambiguïtés fécondes — que nous aimerions relever dans ce petit texte d'argumentation, texte que le lecteur voudra bien considérer, avant tout, comme un essai de métahistoire fort audacieux et hautement exploratoire.

Essentiellement, notre contribution consistera à réfléchir sur la canadianité comme particularité de l'expérience historique canadienne, d'une part, et comme thématique négligée, voire oubliée, du grand récit collectif du Canada, d'autre part.

On comprendra que notre intention n'est pas d'écrire ici une quelconque histoire du Canada sous l'angle de la canadianité. Un tel exercice exigerait en effet un grand espace rédactionnel et bien plus d'acuité et de sagesse interprétatives que nous n'en possédons probablement. Il s'agira plutôt de faire ressortir comment, sous le prisme de la canadianité, il serait concevable et acceptable, tant du point de vue de la rigueur scientifique et de la pertinence politique du récit que de celui de l'éthique du souvenir et de la morale sociale, de représenter l'aventure canadienne comme une histoire de possibilités.

Il va de soi qu'une telle démarche impliquerait que, dans son activité d'interprétation, le narrateur reconnaisse sans ménagement les blessures, les inepties, les maladresses, les erreurs et les irresponsabilités qui ont marqué l'histoire du pays. Il serait tout autant nécessaire qu'il montre à quel point le Canada, comme entité politique, s'est élevé dans la tourmente de conceptions et de références rivales, voire opposées, relativement à sa nature et à son devenir. Mais le narrateur aurait lieu également, par conscience envers le bonheur de ses contemporains et souci devant l'avenir, de se placer dans la position de bâtir du sens en insistant sur la dynamique d'expression et de négociation des contraires qui n'a jamais cessé d'inspirer et d'alimenter *aussi* l'expérience canadienne.

À bien des égards, c'est cette vision et cette « pratique » du Canada qui, depuis quelque temps, s'affadissent au fur et à mesure que s'appauvrissent, chez les acteurs et les décideurs du pays, la mémoire du passé ainsi que le souvenir du discernement de certains anciens[3].

De la canadianité

Avant d'aller plus loin, il importe de préciser, ne serait-ce que brièvement, ce que nous entendons par canadianité.

On évitera à coup sûr de réduire la canadianité à un sentiment d'allégeance ou d'appartenance à la « nation » du Canada, sentiment que l'on désignera plutôt par le terme de canadienneté.

On renoncera de même à définir la notion de canadianité comme ce précipité identitaire découlant du processus de formation de l'État du Canada ou résultant de l'entreprise de canadianisation du pays.

Dans notre esprit, la notion de canadianité fait moins référence à la réalité juridique du Canada ou à la figure emblématique actuelle du Canadien qu'au *mode d'être ensemble* qui s'est élaboré au sein de cet espace d'interrelations sociales et politiques qu'on appelle le Canada et au cœur duquel le Québec n'a jamais cessé de se trouver.

Pour faire vite, on définira la canadianité comme une production consécutive au déroulement empirique de l'expérience historique canadienne et non pas comme une propriété qui est, ou aurait été, inhérente à cette expérience — rien en effet, dans le passé du pays, ne trahit la présence d'une quelconque « essence » canadienne conditionnant ou surdéterminant l'agir de ses habitants.

On définira de même la canadianité, en toute logique par rapport à la proposition précédente, comme une contingence nécessaire à la vie relationnelle de groupes et de groupements ayant vécu en situation d'interdépendance contrainte et de traitable (in)différence au sein d'un espace de proximité (l'Est de l'Amérique du Nord) rapidement structuré, par des pouvoirs concurrents tout à la fois dominateurs, avisés et limités dans leur prétention hégémonique, en un espace politique devenu le Canada.

À maints égards, l'aventure historique canadienne fut — et reste — l'expression de tensions et de frictions incessantes entre forces centripètes et forces centrifuges tantôt partenaires et tantôt antagoniques, tantôt complémentaires et tantôt contradictoires. Elle fut aussi et demeure, par le jeu réfléchi et tâtonnant des acteurs, l'expression d'un dépassement de ces tensions et frictions dans des raccords rendant possible le passage à un ou à d'autres états politiques.

Particularité intéressante — mais en même temps frustrante pour bien des observateurs—, s'ils se veulent des enchaînements par rapport à un ou à des états politiques antérieurs, ces raccords ne furent jamais, et ne sont toujours pas, la résolution de l'« équation canadienne », laquelle ne comporte pas un seul dénominateur commun mais plusieurs dénominateurs conjoints parmi lesquels on trouve, assurément et de manière incontournable, le Québec.

À première vue décevante et déplorable, cette situation mérite pourtant d'être envisagée sous un jour positif, car elle a eu, pour le devenir du Canada, des conséquences globalement heureuses et positives.

Historiquement, la non-résolution de l'équation canadienne s'est en effet exprimée par et dans une espèce d'ambiguïté d'êtres du pays qui s'est révélée, à plusieurs reprises, féconde et avantageuse pour passer à l'avenir.

Par « ambiguïté d'êtres du Canada », nous entendons ici que les épisodes catalyseurs du devenir canadien ont, de manière générale, débouché sur l'ambivalence plutôt que sur l'univocité, c'est-à-dire sur une certaine infinitude, une variabilité et une disponibilité de destin plutôt que sur une inflexibilité de parcours.

En d'autres termes, malgré les tentatives nombreuses de la part de petits et de grands acteurs et penseurs pour infléchir le destin canadien dans un sens en particulier, il n'a jamais été possible de focaliser le devenir du pays sur l'axe des ordonnées d'un seul principe structurant. De même, il n'a jamais été possible de séparer l'avenir du pays de son passé, c'est-à-dire de refonder le Canada en faisant fi des présences antérieures qui l'avaient façonné. Il n'a jamais été possible non plus d'imposer aux habitants du pays une seule « pratique » et une seule vision du Canada, ni d'ailleurs d'éliminer ou d'omettre la volonté des groupements constitutifs du pays de s'affirmer coûte que coûte, avec et contre les autres groupements, dans le paysage canadien.

C'est ainsi que, en pratique, le Canada a évolué — et se meut toujours — entre les possibilités continuelles que lui offrent ses acteurs en cherchant à dépasser ses dissonances et ambiguïtés constitutives — celles qui découlent de sa dualité structurelle et structurante en particulier — et l'aporie sur laquelle vient s'échouer toute tentative de résorber ces dissonances et ambiguïtés en « chantant » le pays sur le mode de l'harmonie ou de l'unité nationale.

Inspiré par la métaphore de la dissonance et par celle de l'ambiguïté, on dira de la canadianité qu'elle est, tout à la fois, cette propension à reconnaître et à assumer le fait que le conflit, les tensions et les dissensions sont au cœur des rapports d'interdépendance contrainte entre groupements ; le fait, aussi, que du choc entre ces dynamismes contradictoires naissent des ouvertures et des possibilités pour l'avenir ; le fait, enfin, que l'activité politique ne doit pas épuiser sa vitalité dans le banal aménagement de ce qui est seulement supportable par défaut d'imagination, mais doit tendre en tout temps à la négociation de dénouements réputés impossibles.

Ainsi définie, la canadianité renvoie au potentiel de régénération du pays par usage, emprunt ou exploitation des inclinations et des obligations à la conciliation ou à l'aménagement des contraires contenues dans le processus de sa formation historique. La canadianité est en quelque sorte cette disposition à l'accueil des discordances et à la médiation manifestée dans le passé du Canada par ses acteurs, et ce, pour des raisons tenant au réalisme politique des uns et des autres, à leur vision inspirée ou à la nécessité envisagée par eux de dénouer tout rapport de force qui puisse se révéler aporétique pour l'avenir du pays.

Sous ce rapport, la canadianité apparaît comme ce qui ressortit aux possibilités d'avenir du Canada dans la reconnaissance du caractère mélodieux de ses dissonances et de la propriété féconde de ses ambiguïtés.

De notre point de vue, c'est cette particularité de l'expérience historique canadienne qui constitue le caractère le plus remarquable du pays, caractère dont le récit lucide reste largement à faire.

Récit historique et mode du souvenir

Avant d'entrer dans le vif du sujet, revenons sur un point — quasi-postulat de notre démarche de réflexion — énoncé rapidement en début d'article et sur lequel il nous semble important de statuer : est-il acceptable, sans par ailleurs négliger l'avantage que représente la position scientifique dans toute démarche de connaissance, de réfléchir, dans une perspective éthique et morale, sur les conditions et les modalités de la production du sens historique au sein des collectivités ? Car tel est bien, en effet, le défi posé par la connaissance historique dans le monde actuel : non seulement restituer l'ayant-été dans la complexité de ce qu'il fut, mais proposer également, par l'entremise de l'acte interprétatif, des trames historiales et narratives qui permettent à un futur d'advenir. En matière d'histoire, il se pourrait bien — nous l'avons signalé antérieurement — que l'espérance doive être, à l'instar de la vigilance critique, au commencement du récit.

Que l'acte interprétatif comporte de manière constitutive une dimension morale n'est d'ailleurs pas une idée renversante. C'est un principe admis depuis longtemps que le projet de connaissance des sciences humaines et sociales n'est pas de conduire à une acceptation béate des faits comme normalité, mais plutôt de déboucher sur la recherche d'éléments visant justement au dépassement critique de ces faits. À vrai dire, les sciences humaines sont indissociables d'une réflexion humaniste sur la matière de l'action des hommes. Sans cette réflexion, qui est une dimension centrale du politique au sens où l'entend la tradition philosophique occidentale, la pensée n'existe(rait) en effet que comme une connaissance froide et utilitaire susceptible de servir toutes les causes, voire d'ouvrir au mal, de le légitimer ou de le laisser faire. Comme le notait Hannah Arendt dans un article important publié au début des années 1970, l'accumulation de connaissances peut de manière perverse nous garder de cette exigence de pensée que l'effectuation des faits éveille, ou devrait éveiller, en vertu de leur existence. Autrement dit, une connaissance déliée de considérations morales traduit ce que la brillante intellectuelle juive qualifiait sans détour d'« inaptitude à penser[4] ».

Plusieurs auteurs, Paul Ricœur en tête[5], ont fait ressortir à quel point la factualité du passé appelait, pour se réaliser sur un mode historique et donc pour acquérir une conséquence, c'est-à-dire une transcendance, une narration qui l'oxygénait de sens. En clair, l'action est demande de récit ; ou, ce qui est une autre façon de reprendre cet énoncé, le récit est la réalisation de l'action, il est un élément consubstantiel à la factualité de celle-ci. Il n'existe d'ailleurs pas d'opposition, mais bien une complémentarité dialectique, entre l'agir et le récit.

Tirons la conséquence de cette argumentation, simplifiée il va sans dire, pour notre propos : de la même façon que l'agir appelle le récit pour se réaliser, le passé demande l'histoire pour s'accomplir. Sans l'éclairage procuré par l'histoire, c'est-à-dire par ce récit procédant d'un exercice de pensée et d'intelligibilité de la matière factuelle produite par l'humain, le passé est infirme, endormi, orphelin et incomplet. Nous disons bien incomplet pour souligner que, entre le passé et le présent, il n'existe pas d'opposition mais bien une dépendance réciproque de sens dans la conscience de demain. Cette idée d'une conscience de demain et pour demain est capitale. Elle nous oblige en effet à envisager le rapport aux ancêtres non pas sous l'angle d'un devoir de mémoire, mais à l'aune d'une obligation de fiducie, c'est-à-dire de responsabilité et de médiation, des contemporains à l'égard des descendants.

C'est dans ce contexte — celui d'une tension insoluble entre l'agir et le récit, entre la science et le politique, entre le passé et l'avenir —

que se pose le problème du récit de l'histoire du Canada. À cet égard, le défi que doivent relever les narrateurs n'est pas simplement de produire un texte qui soit juste du point de vue de la complexité du passé et des chemins de traverse qu'ont empruntés continuellement les habitants du Canada dans leur affrontement avec les contingences du devenir du pays. Encore faut-il que ce texte soit politiquement pertinent par rapport à l'état actuel de conformation d'une collectivité cherchant à se définir en fonction d'un horizon à ouvrir et à bâtir.

Le grand récit national en crise[6]

Au cours des dernières années, nombreux ont été ceux qui, aux quatre coins du Canada, ont manifesté leur désarroi face à l'état du grand récit collectif national et à son incapacité apparente de générer des raisons communes[7]. La critique la plus cinglante à cet égard, provenant d'historiens porteurs du projet canadianiste, a été dirigée contre l'histoire pluraliste dont on a dit, à mots à peine couverts, qu'elle était fiduciaire d'un néant identitaire susceptible d'étioler la fibre nationale et d'articuler le passé du pays aux querelles contemporaines de *lobbies* en mal de légitimité politique[8].

Par histoire pluraliste, on entend ce récit reconnaissant la diversité spatiale, ethnique, sociale, culturelle et sexuelle du pays. Il s'agit d'un récit qui tend à présenter une image du Canada « par le bas » (focalisation sur la diversité du vécu des acteurs) plutôt que « par le haut » (insistance sur les grands processus d'institution de la « nation » comme entité agrégée). Selon ce récit, le « pays » apparaît comme la somme de ses multiples composantes internes et de ses visions particularistes et non pas comme l'expression d'un tout homogène recouvrant ses parties d'une même aura identitaire.

On sait à quel point l'histoire pluraliste, qui a connu au Canada un développement fulgurant depuis le début des années 1970[9], s'est inscrite dans la mouvance générale du pays — celle de la montée des « minorités » culturelles et sociales de toutes natures et celle de l'extraversion des appartenances et des allégeances individuelles — tout en la sanctionnant. Bien qu'elle ne se réduise pas à ce registre, force est d'admettre que l'histoire pluraliste n'a jamais été dissociée de l'entreprise éminemment politique de remplacement des « anciens » paramètres de l'identité canadienne, celui de la dualité par exemple, par les nouvelles balises de cette identité, en particulier le patriotisme civique, l'individualisme démocratique et le multiculturalisme[10]. De manière générale, l'histoire pluraliste s'est nourrie, tout en l'alimentant, de ce que l'on a appelé la perspective des « identités partielles », une vision du pays centrée sur la reconnaissance et l'exaltation de l'idée de diversité comme vertu cardinale de l'expérience historique canadienne.

Il ne fait aucun doute que l'histoire pluraliste, qui a marqué la production historiographique du Québec français tout autant que celle du Canada anglais, a entraîné un enrichissement et une complexification inouïe des représentations que l'on avait du passé du pays. Sous ce rapport, on ne peut revenir en arrière. La « renationalisation » de l'histoire du Canada souhaitée par certains penseurs nostalgiques de visions et d'interprétations anciennes du pays apparaît, dans le contexte de l'hégémonie actuelle du discours de la diversité et des avancées de l'histoire pluraliste, inadéquate, voire inappropriée, du point de vue historiographique et politique[11].

Cela dit, il est deux critiques raisonnables que l'on peut adresser à l'histoire pluraliste et auxquelles ses tenants n'ont pas apporté de réponse convaincante jusqu'à maintenant[12].

La première critique a trait au manque de perspective de cette histoire et à l'absence, chez ses praticiens, d'un souci explicite d'ordonnancement et de hiérarchisation des dynamismes, des forces et des facteurs qu'ils s'attachent à mettre en relief dans le passé du Canada. Certes, personne ne contestera que le Canada se soit bâti dans la diversité de ses parties constituantes. Encore faut-il distinguer, dans la panoplie des « identités partielles » qui se sont manifestées dans le passé du pays, celles qui ont centralement et structurellement marqué son devenir. Si faire de l'histoire nationale est une entreprise qui reste tout à fait pertinente en ce début de siècle, ne serait-ce que parce que l'État-nation, même en contexte de mondialisation et de restructuration régionalisée ou localisée de la planète, demeure, pour la majorité des personnes, la référence principale, l'emplacement significatif et l'horizon privilégié, voire obligé, de leur existence, il faut être bien conscient du défi inhérent à ce genre d'histoire, soit de forger une trame propre à articuler ce qui a fait hier et ce qui constitue aujourd'hui le pays[13].

La seconde critique, conséquente par rapport à la première, est d'ordre métahistorique. Elle touche au sens de l'expérience historique canadienne. On peut bien prétendre que la seule vérité acceptable, concernant l'interprétation du passé du Canada, est celle qui insiste sur la pluralité des points de vue, et donc des « vérités particulières », relativement à ce passé. Il apparaît tout de même inopportun, comme interprétant, de laisser le passé dans un tel état d'indétermination conceptuelle, indétermination qui n'exprime, ne légitime ou n'amène d'ailleurs toujours qu'une sorte d'impuissance politique chez les acteurs[14]. La fonction de l'intellectuel en général, et celle de l'historien en particulier, est en effet de réintroduire, dans la matière du passé ancien et récent, un sens qui se révélera fécond pour construire l'avenir. À défaut de se livrer à cette opération de production de sens, on abandonne le passé comme le présent à eux-mêmes avec le risque qu'ils s'enlisent dans la confusion empirique des situations. Comme la vie elle-même, le passé a besoin d'être rassemblé dans une unité narrative pour perdre son caractère évasif et dispersé.

Or, c'est à ce chapitre que le récit pluraliste, qui présente le passé du Canada sous l'angle de visions particularistes, de vignettes thématiques et de microrécits ou tableaux partiellement détachés les uns des autres, ne réussit pas à offrir à ceux à qui il est destiné une représentation globale porteuse et responsable du pays[15]. Ce récit manque à sa fonction parce que, au lieu d'assumer et de convertir en un capital vertueux — propre à relancer l'avenir du Canada — les différences constitutives du processus de formation historique du pays, il les fait s'équivaloir ou se montre incapable de les faire se dépasser dans une représentation synthétique originale de l'expérience canadienne[16].

En pratique, l'histoire pluraliste soumet la matière du passé à l'empire d'une fausse rectitude scientifique de même qu'à une philosophie plate de la connaissance, celle de l'indifférenciation comme principe d'objectivité historienne et de mise en narration du passé[17].

C'est ainsi que l'histoire du Canada apparaît à la limite comme l'ensemble de ce que l'on peut découvrir et raconter à propos du passé du pays. Pour les tenants de l'histoire pluraliste, le récit historique idéal du Canada est en effet celui qui épouse et exprime tous les points de vue du pays. Ce récit-modèle est en outre celui qui, du fait même de l'ampleur de sa couverture, colmate les brèches par où d'autres récits, réputés plus « orientés » et moins riches, pourraient faire irruption. Dans la perspective et la volonté d'une telle « perfection » (ou intolérance ?) histori(ographi)que, on comprend qu'il soit difficile de parvenir à quelque synthèse compréhensive de l'aventure canadienne.

Sous l'angle de l'histoire pluraliste, le Canada n'existe plus en effet comme catégorie normative, téléologique ou transcendante — ce qui est assurément une position juste. Il apparaît davantage comme le précipité fortuit découlant de la multiplicité des actions humaines accomplies ou effectuées dans l'espace assignable à son nom. Or, à plusieurs égards, il s'agit là d'une position interprétative insuffisante et finalement non satisfaisante puisqu'elle entraîne une perte des raisons communes, une édulcoration du sens du pays et une impasse au chapitre de ses représentations globales, ce qui traduit précisément l'impuissance politique dont nous parlions plus haut. À l'heure actuelle, les conséquences de cette impuissance politique, vivement ressenties au Québec, apparaissent particulièrement manifestes en ce qui touche à l'intégration de cette « province » à la problématique canadienne.

Que faire dans les circonstances ? Faut-il assumer cette impasse interprétative et cette impuissance politique ou doit-on plutôt chercher à les dépasser *ensemble* ? Si l'on opte pour le dépassement, comment articuler et agréger ce qui constitue la matière du pays (les « identités partielles ») sous la forme d'un tout dynamique et caractérisé (le Canada) ? Est-il seulement possible d'envisager une médiation narrative, historiale, à ce « nœud politique » ? Si oui, quel sens donner à l'expérience historique canadienne pour la prendre et la rendre dans ses dissonances et ambiguïtés irréductibles et l'animer en même temps d'un élan qui ne la fasse pas s'enliser définitivement dans le ressac incessant de ses tiraillements constitutifs ?

En clair, quel récit proposer du passé du Canada qui soit porteur d'avenir pour le pays réuni ?

De la difficulté de mettre en histoire le passé du Canada

À l'évidence, la narration unitariste qui postule une convergence, ou qui appelle une sublimation, des différences structurantes du Canada dans le but d'animer ou de réanimer un pays qui soit sûr désormais de lui-même et qui possède une identité affirmée, cette narration, disons-nous, n'a pas d'avenir[18]. Elle n'a pas d'avenir parce que, pas plus maintenant qu'avant, elle ne renvoie aux registres du passé vécu du pays.

Laisser entrevoir, comme le fait un Jack Granatstein par exemple, qu'il n'y a pas plusieurs histoires du Canada, ni même deux, mais d'abord et avant tout une espèce de grande saga nationale inspirée par une seule force unifiante et où la diversité se fond dans l'unité d'un destin commun positif à ressusciter et à célébrer, une telle vision du pays, pour « réconciliante » et panégyrique qu'elle soit, tient de l'affabulation[19].

De même, vouloir continuellement éponger, voire expurger, la dissension structurante du Canada dans une espèce de conception tampon du pays et ainsi étirer l'idée de nation — ou de communauté politique nationale — jusqu'à ce qu'elle n'incarne plus qu'un idéal abstrait qui soit oublieux de la matérialité qui la fonde pour ne privilégier qu'une image réenchantée et progressiste, bilingue et multiculturelle, civique et postmoderne du pays, cette visée, cela est devenu flagrant maintenant, n'offre aucune option utile[20].

L'un des « drames » du Canada — si l'on peut s'exprimer ainsi — tient à cette manie, récurrente dans l'histoire intellectuelle et politique du pays, de vouloir faire avec le passé et le présent du Canada une chose que ni ce passé ni ce présent ne peuvent rigoureusement soutenir. On s'étonne d'ailleurs d'une telle retenue, voire d'un tel refus, à porter la donnée centrale du pays. C'est comme si cette donnée était gênante, comme si elle renvoyait à un élément digressif, d'ordre fondamentalement dérangeant, dans l'expérience historique canadienne. Or, de manière surprenante, il semble que ce « bouton à la face du pays » soit celui de la diversité caractéristique du Canada, en particulier la dualité constitutive et structurante, irréductible et indépassée jusqu'à maintenant, de la collectivité canadienne[21].

Pendant longtemps, cette réserve face à la diversité et à la diffé-rence fut liée à la volonté des Canadiens d'origine anglo-celtique de faire du Canada un pays et un État anglophone inspiré par la tradi-tion britannique[22] — État et pays toutefois doté, au grand malheur de plusieurs, d'une « minorité » trop nombreuse, trop concentrée et trop importante comme élément stratégique pour être complètement assi-milée sur le plan culturel ou marginalisée sur le plan politique[23]. D'où la reconnaissance qu'on octroya à cette « minorité » — les Canadiens (français) — qui, à la suite d'une démarche d'affirmation jamais tarie depuis la Cession de 1763, réussit à s'instituer comme l'une des com-munautés politiques majeures au sein de la fédération[24], et ce, en dépit de la suspension provisoire, voire de la réorientation partielle, que connut sa quête d'épanouissement à la suite des rébellions matées de 1837-1838.

À l'heure actuelle, la réserve manifestée par le Canada anglophone face à la diversité et à la différence tient surtout à la crainte de voir le pays sombrer complètement dans l'orbite de l'américanisation. Assu-mer jusqu'au bout la diversité et la discordance structurantes du pays, notamment entre ses régions, ses provinces et ses deux grands grou-pements linguistico-culturels, aurait en effet pour conséquence, aux yeux d'une majorité d'habitants et de hérauts du Canada anglophone, d'affaiblir la nation. Cette démarche obligerait par ailleurs bien des décideurs à admettre que la représentation multiculturelle du Canada, qui concurrence symboliquement et politiquement la figure dualiste du pays[25], ne sert qu'aux fins d'une folklorisation de la diversité au Canada, folklorisation d'ailleurs animée et avivée par l'action de nombreux groupes de pression ethniques[26]. Admettre l'existence de ces deux grands creusets linguistico-culturels et reconnaître leurs effets structurants sur le devenir du Canada reviendrait enfin à sortir de cette représentation surannée, mais toujours agissante au sein de la fédération, qui consiste à percevoir le Québec (français) à travers le prisme de l'infantilisme et de l'irresponsabilité, de l'incompétence et de l'arriération[27].

On le voit bien, l'enjeu d'une narration du Canada qui recon-naisse ce que fut structurellement et centralement le pays depuis un bon moment déjà — soit, de notre point de vue, une histoire de rapports de force plus ou moins tendus et inégaux, de compromis négociés ou forcés et d'accommodements obligés et instables entre des régions, des provinces et deux grands groupes linguistico-culturels — est majeur[28]. Il en est ainsi parce que envisager le passé du Canada sur le mode de l'unité nationale ou de la convergence entre ses « parties » constituantes est une entreprise largement factice. Mais il en est ainsi, tout autant, parce que restituer le passé du Canada en insistant, indistinctement et sans souci critique, sur l'ensemble des forces, des facteurs et des dynamismes qui, dans leur interaction et leur intrication, ont élevé le pays, est une optique qui n'est pas davantage valable. Si la perspective du plus grand dénominateur commun (un pays de confluences) ne se révèle pas des plus satisfaisantes pour le Canada, celle du plus petit ou du multiple dénominateur commun (le Canada comme juxtaposition de « minorités ») ne l'est pas davantage. Il importe en effet de trouver un niveau d'articulation histori(ographi)que, d'ordre factuel et narratif, qui permette de conceptualiser et de se représenter le Canada dans ses maillages dissonants, dans ses équilibres oscillants, dans ses proximités distantes et dans ses interdépendances orageuses — ce qui paraît particulièrement difficile. Réaliser cette opération serait toutefois, soyons-en conscients, rien de moins que de réactualiser, au profit de la construction de l'avenir, la dimension la plus féconde et la plus porteuse de l'aventure historique canadienne, celle de la canadianité.

À cet égard, les tentatives qui, depuis plus de trente ans maintenant, vont dans le sens d'une histoire des « identités partielles » ont permis d'ouvrir au maximum l'espace factuel de l'histoire canadienne, rendant ainsi possible la « découverte » d'une matière du passé qui n'appartenait pas immédiatement ni facilement à l'histoire de la construction du Canada comme figure totalisante du pays. En revanche, les études menées sous le prisme des *limited identities* n'ont offert, jusqu'à présent tout au moins, aucune structure narrative d'ordre métahistorique pour accueillir l'expérience canadienne et lui permettre de s'exprimer sous la forme d'une synthèse compréhensive globale[29].

Ou bien l'on a refusé ce genre de défi en prétextant que, du Canada, il ne pouvait de toute façon exister de récit unique et intégré ;

ou bien l'on s'est ingénié à présenter l'histoire du pays sous l'angle d'une mosaïque de peuples, de groupes ethniques et de mouvements sociaux — à ancrage spatial, sexuel ou socio-économique — entretenant des rapports de coopération et d'antagonisme ou s'accommodant tant bien que mal de leurs divergences[30]. Dans l'un et l'autre cas, on n'a pas su proposer ni voulu reconnaître explicitement de trame articulante, c'est-à-dire discriminante au sens étymologique du terme, soit qui distingue, qui hiérarchise, qui ordonne et qui structure, aux éléments entrant dans la « composition » de l'expérience historique canadienne. Plutôt que d'affronter le défi difficile d'élaborer cette trame qui, évidemment, appelle certains choix au chapitre des prémisses du récit et du mode du souvenir, on a préféré « régler » le problème en racontant l'histoire des Canadiens plutôt que celle du Canada[31].

Faire l'histoire du pays à partir de l'optique de ses habitants en insistant sur la multiplicité de leurs pratiques empiriques et la diversité de leurs appartenances est ainsi devenu une alternative, voire une panacée, au défi d'agencer la matière factuelle du Canada autour d'une conception métahistorique de l'expérience canadienne. Présenter le Canada comme une terre d'immigrants et, en retour, définir ces immigrants comme étant, avec les Autochtones (premiers habitants du Canada, voire premiers Canadiens), les bâtisseurs du pays, est notamment apparu, dans le contexte du discours et du récit pluralistes, comme une façon de réexaminer et de refaçonner le passé du Canada sous un angle qui soit adéquat par rapport à la diversité présente du pays et approprié aussi par rapport aux exigences de réactualisation des raisons communes de la nation[32].

Or, ce genre de vision qui équilibre et qui « équarrit » les « forces agissantes » au pays en évitant de les distinguer ou de les hiérarchiser selon les effets structurants de leur action respective, d'une part, et qui justifie une révision de la matière du passé à partir d'un questionnement enraciné principalement dans l'actualité du présent, d'autre part, n'est pas sans poser problème. Contentons-nous de discuter de cette représentation à la mode du Canada qui décrit le pays comme une terre d'immigrants largement structurée par le phénomène multiculturel.

Que l'on présente le Canada comme un pays d'immigrants n'est certainement pas faux. Encore faut-il savoir que ces « immigrants », provenant au départ de bassins de population relativement peu disparates (la France et les îles Britanniques), ont, par leur nombre et leur prédominance initiale dans l'espace, constitué des noyaux originaux de culture auxquels se sont agglutinés, puis largement conformés au fil des générations, les nouveaux arrivants provenant de partout en Europe. On admettra facilement que ces migrants de « deuxième vague », d'origine autre que française ou britannique pour la plupart, ont intensément coloré la francité ou l'anglicité qu'ils ont fini par adopter en s'établissant au pays. La culture politique qui inspire depuis toujours les habitants des provinces du Manitoba, de la Saskatchewan et de l'Alberta, où plusieurs immigrants d'Europe de l'Est se sont installés au tournant du XXe siècle, constitue un bon exemple de ce phénomène de coloration. On aurait tort de croire cependant que la force d'attraction et la puissance d'assimilation des deux cultures majoritaires déjà instituées au pays aient été contrées, voire contrariées, par l'arrivée et l'enracinement de personnes ou de groupements d'origines ethniques diverses. Ce sont bien davantage ces personnes et groupements qui, à la longue, se sont intégrés volontairement, par dépit, par goût, par usure ou à défaut d'autres options réalistes ou attrayantes, aux cultures dominantes qu'elles ont tout à la fois renforcées et distillées.

Il en fut de même jusque dans les années 1960. L'élargissement des aires culturelles alimentant l'immigration au Canada, tout en complexifiant davantage la figure de la collectivité, n'a pas modifié la donnée structurelle du pays. Celui-ci, en effet, a largement continué de graviter autour de ses deux « majorités » effectives, l'anglophone et la francophone, le phénomène étant d'ailleurs renforcé par le fait que le Canada se reconnaît, malgré son pli multiculturel, deux langues officielles, l'anglais et le français.

Certes, il existe au pays des citoyens d'origines ethniques très diverses qui disposent d'organisations plus ou moins puissantes pour promouvoir leur cause dans l'arène politique et l'espace public. Cela dit, le Canada n'en reste pas moins structuré, cent trente-trois ans après sa création, d'après une ligne de tension dont les pôles attractifs et irradiants sont ceux de l'anglophonie et de la francophonie[33]. Il n'existe pas au Canada de mouvements sociaux ou politiques d'envergure qui ne soient marqués par cette dualité que plusieurs voudraient bien éliminer, diminuer ou ignorer, mais qui semble indélogeable. Qu'on le veuille ou non, pour s'accomplir civilement, politiquement et socialement au Canada, il faut encore, en dépit de la présence de « forces globales » qui traversent tout le pays, s'intégrer aux « majorités » anglophone ou francophone. Dans la mesure où ces « majorités » ne cessent de se transformer et de se réactualiser sur le plan de leurs horizons identitaires, elles s'assurent d'ailleurs d'une force d'attraction relative incomparable, et d'une certaine pérennité en même temps, dans l'espace empirique des transactions culturelles. À cet égard, la pression intégratrice subie par les nouveaux venus est particulièrement forte dans le cas des enfants qui s'incorporent et s'assimilent à large échelle sur les plans linguistique et culturel surtout, ce qui ne signifie pas que, en privé ou dans le cadre de petites communautés persistantes, ils ne pratiquent pas leur culture ancestrale sous des formes plus ou moins syncrétiques, voire hybrides. Partout au Canada, l'américanité — qui se vit en anglais ou en français — est un facteur puissant de « désethnicisation » des immigrants et de « réacculturation » des descendants dans le sens d'un profil identitaire structurellement marqué et nourri par la francité ou l'anglicité[34]. À telle enseigne qu'il faut bien avouer, malgré tout ce que l'on dit par ailleurs, que le phénomène migratoire récent au Canada n'a pas altéré significativement la dualité structurante du pays. Il l'a tout simplement relancée sur de nouvelles bases, voire élargie et complexifiée. Si la notion de « peuples fondateurs » est effectivement tombée en désuétude dans le répertoire des représentations globales du pays, celles d'anglophonie et de francophonie, concepts bien plus larges que ceux de Canadiens français et de Canadiens anglais, n'ont nullement perdu leur pertinence pour décrire et exprimer le Canada. Dans ce contexte, articuler l'expérience canadienne autour d'une trame narrative qui insiste sur la dualité constitutive du pays n'est assurément pas en porte-à-faux par rapport à la situation maintenant vécue au Canada. En fait, cette situation se trouve en continuité, bien davantage qu'en rupture, avec celle d'hier[35].

Le cas des Autochtones est particulier. Au total, selon le critère que l'on retient, celui du statut légal, de l'origine culturelle ou de l'ascendance, ils forment à l'heure actuelle entre 2,7 % et 4,3 % de la population canadienne[36]. À l'époque des premiers contacts soutenus avec les Européens, vers le milieu du XVIe siècle, ils étaient environ quarante mille à vivre sur le territoire actuel du Québec, peut-être un demi-million au Canada. Les Amérindiens, notamment, furent décimés par les maladies découlant de l'arrivée des Européens, maladies confirmées et répandues par suite de la présence physique croissante des nouveaux « envahisseurs ». Cela ne fait aucun doute, l'apport des Autochtones fut déterminant dans la survie et la bonne fortune des Européens en « terre canadienne ». De même, les cultures non autochtones ont assimilé, au cours des temps, nombre de techniques, de modèles, de concepts, de locutions, de représentations symboliques, de croyances, etc., provenant des cultures autochtones. À tel point que plusieurs analystes n'hésitent pas à discerner dans ces cultures indigènes l'origine de bien des facettes de ce qui fait aujourd'hui le Canada[37].

Cette observation est juste. Dès le départ, l'autochtonité s'est en effet révélée l'une des dimensions cardinales de la canadianité en émergence. Entendons par là que, dans les premiers contacts entre non-Autochtones et Autochtones, s'est découverte la réalité et s'est trouvée la possibilité de transactions avantageuses pour les deux parties, voire d'alliances salutaires pour la prospérité respective des groupes en présence[38]. Ne dit-on pas que la Nouvelle-France ne tenait, dans le contexte des rivalités entre la France et l'Angleterre en Amérique, que par un exceptionnel réseau d'alliances franco-indiennes[39] ? Évidemment, cette situation de coopération intéressée n'impliquait pas l'absence de dissensions ou de conflits dans la dynamique interculturelle. Cela dit, le « pays » réel se construisait empiriquement autour d'une espèce de dualité qui, sans être idéale, était néanmoins porteuse d'accommodements entre groupements souverains vivant dans l'interdépendance contrainte.

À tous égards, la suite de l'histoire devait largement aliéner ce capital initial de réciprocité. Comme entreprise coloniale et comme État et projet politique « moderne », le Canada allait en effet s'élever en dépit de la présence des communautés autochtones (ou par-dessus elles) en les laissant moisir dans ces parenthèses instituées de son évolution que constituaient les réserves, en les abandonnant à l'éternité des grands froids ou en s'appropriant, de gré ou par force de loi, leurs territoires ancestraux. Aussi est-il inexact de prétendre que les Autochtones furent à l'origine de la fondation du Canada. Au contraire, faire l'histoire de l'avènement graduel du Canada, y compris à l'époque préconfédérative, c'est décrire le processus de mise en tutelle et de marginalisation progressive des Autochtones comme occupants originels du territoire « national ». C'est de même retracer l'entreprise de dénégation, systématique à plus d'un titre, de l'apport autochtone au devenir du Canada.

On peut bien, par souci de rectitude politique ou pour faire amende honorable, revenir sur les gestes commis et considérer maintenant les Autochtones comme « peuples fondateurs » ou « premières nations » du Canada, voire en faire, dans la perspective d'une genèse symbolique du *Nous tous les Canadiens,* les ancêtres de la nation. Il y a là dénaturation du sens du passé. Dans les faits, dépeindre ou définir les Autochtones comme « précanadiens » est une méprise de l'histoire. Il s'agit d'une pirouette interprétative inspirée par de grands jeux politiques eux-mêmes dictés par la recherche d'une solution facile au problème de l'intégration des Autochtones à la problématique canadienne[40]. Dans tous les cas, il y a là fausse médiation. Le défi est ailleurs. Il consiste à réinscrire l'autochtonité comme dimension structurante de la canadianité. Autrement dit, il s'agit de réinsérer la présence et l'identité autochtones au cœur des dynamismes politiques et de la mouvance actuelle du pays[41].

Or, à l'encontre de ce qui apparaît au premier abord, les deux visions ne sont pas pareilles. La première vision (les Autochtones comme « peuples fondateurs » et « ancêtres de la nation ») procède en effet d'une volonté de modifier le sens de ce qui fut, au bénéfice d'impératifs immédiats posés par la construction consensuelle et harmonieuse d'un avenir libéré du fardeau de l'histoire et de ses blessures. Corriger le passé, cicatriser ses plaies pour les voir éventuellement disparaître, telle est la voie choisie. La seconde vision (l'autochtonité comme dimension structurante de la canadianité) découle plutôt d'une décision de laisser ouverte la blessure pour régénérer le corps meurtri. Il s'agit en clair de reconnaître l'existence de la blessure de manière à la transformer en possibilité pour l'avenir.

Cette idée d'une transformation des blessures en possibilités — transformation opérée par la narration de l'interprétant dans l'optique d'une redécouverte de l'esprit et de la pratique perdus de la canadianité — est intéressante. Là réside peut-être un nouvel horizon susceptible d'orienter celui qui voudrait repenser et réécrire l'histoire du Canada.

L'expérience canadienne comme histoire de possibilités

Nous posons au départ deux postulats auxquels nous n'attribuons aucune portée ou valeur universelle, mais que nous considérons comme étant valables dans le cas spécifique de l'expérience historique canadienne :

• il n'est pas nécessaire de répudier ou d'oublier le passé du Canada pour se donner, en tant que Canadiens, Québécois et Autochtones, la possibilité de vivre et de devenir ensemble[42] ;

• pour prédisposer à la réalisation éventuelle de ce destin, il apparaît toutefois approprié de faire se muer, par la production d'une narration de reconnaissance, de deuil et d'espérance, le souvenir en conscience régénératrice.

Dans ce contexte, la question à laquelle il nous semble pertinent de répondre, sur le plan historiographique comme sur le plan politique, est la suivante : pouvons-nous trouver, dans l'aventure historique canadienne — qui ne se réduit surtout pas au seul processus politique d'institution de la fédération et de formation de l'État central —, cette matière, cette factualité par laquelle il serait possible de dépasser les insuffisances, les apories parfois, des représentations actuelles du pays ?

À cette question, il est certainement possible de répondre par l'affirmative. En fait, de la même façon que la modernité contient en elle-même ses propres principes critiques, le Canada recèle en son aventure historique son propre potentiel de dépassement.

Cela ne signifie évidemment pas que l'histoire de l'expérience canadienne se présente comme une grande victoire de la raison commune et du progrès collectif sur les intérêts particuliers et les forces de la régression. On aurait tort en effet de substituer au récit lucide de ce que fut le passé une narration qui ne serait que pure entreprise idéologique ou tentative de réinvention de la tradition. À tous égards, la pratique de l'histoire doit rester empreinte de rigueur.

En même temps, le narrateur ne saurait se soustraire à cette obligation de donner au passé la chance de s'exprimer dans la complexité et l'ambivalence de ses langages. Tel le coryphée qui avait pour charge, dans le théâtre ancien, de donner voix aux craintes, aux peurs et aux interrogations enfouies chez l'acteur de manière à ce que celui-ci et le public surmontent ensemble la situation tragique et passent à autre chose, l'interprétant est celui qui donne la parole au sens caché, ignoré ou négligé de ce qui fut, pour permettre à ceux à qui il s'adresse de dépasser ce qui semblait ou paraît toujours indépassable. Il est en effet du devoir de l'historien de rappeler et de révéler à ses contemporains les virtualités de médiation et de régénération contenues dans le passé de manière à permettre au présent de s'élever au-delà de ce qu'il est, y compris de dépasser ses impasses. Dans le cas du Canada, le potentiel de régénération et de dépassement des impasses du pays est ce que nous associons à la canadianité dont l'histoire, impensée, oubliée, usurpée ou piétinée, n'est pas pour autant impensable, réactualisable, récupérable ou recultivable. Essayons de préciser nos vues à ce sujet.

Par histoire de la canadianité, nous entendons cette narration où la diversité affichée et irréductible de la société et des identités au Canada — celles des classes sociales et des groupes sexuels, des identités locales et urbaines, des groupements ethniques et des minorités de toutes natures — se fond dans des réalités et des contextes signifiants d'incorporation, de conformation, de référence et d'expression des pouvoirs, à savoir, pour la période qui va du milieu du XIXe siècle à nos jours tout au moins, les grandes régions historiques du pays, les provinces de résidence et les grands groupes linguistico-culturels dont nous parlions plus haut. Certes, il ne s'agit pas ici de circonscrire ou d'encastrer de force la vitalité primaire des mondes vécus et celle des appartenances multiples dans des catégories qui surplombent l'empirie des agirs. L'exercice suppose plutôt de reconnaître que ce qui se déroule au ras des pratiques et à une échelle réduite doit être lié à certaines réalités structurales qui déterminent, inspirent ou sanctionnent les phénomènes locaux et la multiplicité des initiatives individuelles et collectives. Or, parmi ces réalités structurales qui constituent la matière focale et la colonne vertébrale de l'histoire du Canada, il y a le dualisme linguistico-culturel, le régionalisme et le provincialisme qui est étroitement associé[43] à ce dernier. Ces réalités structurales, qui renvoient à l'existence de pouvoirs constitués accueillant un grand nombre de pouvoirs s'exprimant au pays (les fameuses « identités partielles ») ou y donnant écho, on ne peut les ignorer ou même les reléguer au second plan sans risquer de perdre de vue le sens de l'expérience historique canadienne. C'est dire leur importance et leur centralité dans tout récit du pays.

Par histoire de la canadianité, nous entendons de même cette narration qui s'élève sur autre chose qu'une rectitude historique aseptisée où la quête interprétative se confond avec les impératifs actuels d'une politique tous azimuts de reconnaissance des groupes en concurrence dans l'arène publique et dans l'espace des représentations collectives. En aucun cas la narration historienne ne doit prendre la forme d'une politique identitaire menée rétrospectivement. L'histoire, en effet, n'est pas une question d'équité, mais de rigueur. On ne peut décliner le passé au présent.

Par histoire de la canadianité, nous entendons enfin cette narration où l'esprit scientifique s'assume dans un récit lucide et réaliste du passé, un récit où l'héritage est porté dans la responsabilité de demain, un récit où l'interprétant accompagne la mouvance du passé en évitant d'en trahir le sens, assurément, mais en cherchant aussi, par une subtilité narrative et une justesse des mots qui renvoient précisément à la complexité et à la multidimensionnalité de l'ayant-été, à le délester de ses nocivités (les blessures) et à tirer profit de son capital accumulé de bonté (les possibilités).

Revoir l'expérience canadienne sous l'angle d'une histoire des possibilités, telle est la matière qu'autorise à découvrir et l'horizon que permet de raviver le concept de canadianité.

Assumer la canadianité comme matrice structurante et structurale de l'expérience canadienne, ce serait, de notre point de vue, préconiser la perspective des deux majorités vivant côte à côte et entretenant des rapports conflictuels d'interaction dans le cadre d'une société coloniale d'abord et libérale ensuite, mais ne se ravalant pas pour autant, ni hier ni aujourd'hui, dans une sorte de communauté politique de convergence (l'idéal du Canada unitaire subsumant la discordance de ses constituantes) ou dans une espèce de projet civique désincarné et fuyant dans un avenir sans racine (le Canada de la Charte des droits et libertés).

Assumer la canadianité comme matrice structurante et structurale de l'expérience canadienne, ce serait aussi, à notre avis, voir comment le passé du Canada, tout en s'étant révélé — cela est indéniable — le théâtre de rapports de force résolus ou tranchés de manière souvent malheureuse ou maladroite (qualifions ces gaucheries de blessures), n'a en même temps jamais cessé d'être un terrain de dialogue entre acteurs et groupements cherchant, depuis leur position respective, à s'affirmer sans démentir leur quête (parlons ici de possibilités). Pour illustrer notre point, limitons-nous à un exemple — significatif toutefois : c'est dans l'espace politique créé par la tension perpétuelle entre le désir, celui des pouvoirs anglais, de marginaliser le fait français en Amérique et au Canada (blessure) et la nécessité et l'opportunité de dialoguer avec les francophones pour aménager leur soif de perdurer et leur volonté de s'épanouir (possibilité), que ces derniers, depuis le(ur) foyer québécois, se sont élevés comme communauté politique majeure au Canada[44]. C'est une telle dynamique de rapports de force qui a également prévalu entre les pouvoirs du Canada central et ceux des régions de l'Est et de l'Ouest du pays, les premiers cherchant à imposer leur hégémonie sur l'ensemble de l'espace économique canadien à partir du triangle Montréal-Toronto-Ottawa, les seconds résistant à cette entreprise d'*hinterlandisation* qui visait à les soumettre aux intérêts de métropoles dont ils refusaient la mainmise.

Cela ne fait aucun doute, envisager une narration d'avenir pour le Canada exige que l'on prenne acte de ce processus axial, de cette dialectique des blessures et des possibilités dans l'évolution historique du pays.

Élaborer une narration d'avenir pour le Canada suppose aussi que l'on sache aborder la question du rapport des Autochtones au pays. De notre point de vue, nous l'avons dit plus haut, ceux-ci ne comptent pas parmi les « groupes fondateurs » du Canada[45]. Ils étaient tout simplement là, présents et vivant sur le territoire du « pays » depuis longtemps et s'étant approprié l'espace à leur façon. Évidemment, ils y étaient encore au moment de l'institution de l'Acte de l'Amérique du Nord britannique. Sans qu'ils fussent passifs devant ce qui survenait au sein de leur environnement mais cherchant au contraire à protéger leurs intérêts par le biais d'alliances notamment, il leur était fort difficile, voire impossible, de réagir, comme groupe plénipotentiaire de leur destinée, au changement global qui marquait le monde atlantique aux XVIe, XVIIe et XVIIIe siècles, monde auquel l'Amérique était de plus en plus intégrée.

Compte tenu de leur mise à l'écart effective du projet colonial par les autorités britanniques dès 1763 — un « bannissement » reconduit à l'égard du « projet canadien » par le gouvernement fédéral en 1867 —, il apparaît inusité de vouloir réintégrer maintenant les Autochtones à la problématique canadienne comme « peuples fondateurs » ou « premières nations » *du pays*. Il s'agit là de désignations factices qui trouvent leur sens dans les dilemmes du présent bien avant de refléter la réalité du passé. À vrai dire, pour des raisons liées précisément à ce passé, il apparaît incongru pour les Autochtones de revendiquer quelque droit en se réclamant des méta-identités artificielles que leur attribuent ou leur consentent désormais volontiers les non-Autochtones[46]. Il leur est toutefois possible d'exiger réparation à l'égard de la réduction à laquelle ils ont été soumis au cours des siècles : dépossession du territoire d'abord, puis graduellement de l'activité politique, puis de l'ensemble des attributs du monde moderne[47]. Il leur est également loisible de réclamer une reconnaissance particulière sur la base de l'effet déterminant de leur présence dans la réussite effective du « greffon » européen dans la vallée du Saint-Laurent — greffon ayant donné lieu à l'émergence d'une entité politique : le

Canada institué, dont les Autochtones ne peuvent éliminer ni la présence ni la prégnance dans toute vision de leur avenir.

Sur le plan politique, l'idée de *self-government,* avec les prérogatives et les limites raisonnables qui découlent de cette forme de souveraineté-association — et qui renoue avec une certaine tradition de l'alliance entre Amérindiens et Européens aux XVIIe et XVIIIe siècles —, semble offrir un terrain prometteur, tout au moins en ce qui a trait aux Autochtones vivant à l'extérieur des milieux urbains[48].

Sur le plan histori(ographi)que, il ne peut y avoir d'autre narration que celle qui insiste sur le long processus de réduction et de dépossession qui a marqué la condition autochtone dans le temps.

Certes, il importe de mettre l'accent aussi, étant donné les derniers développements dans le domaine de l'ethnohistoire, sur l'ensemble des transferts culturels qui ont caractérisé les rapports entre Autochtones et non-Autochtones à travers les âges, et notamment à l'époque préconfédérative[49]. Mais l'existence de ces transferts culturels ne saurait faire perdre de vue le fait capital que, à partir du début du XIXe siècle, les Autochtones jouent un rôle marginal dans la structuration et l'évolution du monde auquel ils sont intégrés et duquel ils sont simultanément rejetés. S'il est vrai de dire que le Canada n'aurait pas été ce qu'il fut et ne serait pas ce qu'il est sans la présence initiale des Autochtones — qui n'ont d'ailleurs jamais perdu ni abandonné la conscience de leur spécificité culturelle inaliénable —, il est excessif de laisser croire que le « facteur autochtone » a, au total, pesé d'un poids déterminant dans la « balance canadienne ». On ne peut modifier impunément la place des acteurs et des facteurs dans l'histoire.

Ainsi, il apparaît fort difficile de faire l'histoire du Canada à partir du « facteur » ou de l'« élément » autochtone à moins de réduire l'expérience canadienne à une seule de ses dimensions ou de promouvoir les Autochtones au rang d'acteurs dominants dans l'évolution du pays. Le contraire est toutefois possible : écrire une histoire (canadienne) des Autochtones en intégrant, comme dimension cardinale de ce récit, le « facteur » envahissant, déstructurant et aliénant des non-Autochtones et celui de l'institution du pays[50]. C'est à cette entreprise que s'est attelée surtout, pour ne pas dire exclusivement, la

Commission royale sur les peuples autochtones[51]. Paradoxalement peut-être, la possibilité d'une réintégration acceptable, sur les plans histori(ographi)que et politique, des Autochtones à la problématique canadienne (mais non pas à l'emblématique du pays), réside dans la reconnaissance de la blessure qui leur a été infligée — cette reconnaissance étant précisément ouverture au dialogue, c'est-à-dire prédisposition à la redécouverte d'un volet oublié ou perdu de la canadianité, c'est-à-dire encore inclination à la possibilité d'un avenir de tension vertueuse, d'un respect mutuel et d'une reconnaissance paritaire des participants du pays à récupérer.

Reste, dans l'optique d'une réécriture éventuelle de l'histoire du Canada qui soit juste et acceptable sur le plan des faits et sur celui — pour revenir à Arendt — de l'obligation de penser le politique, à prendre en considération la dimension régionaliste de l'expérience canadienne.

Le régionalisme, qui recoupe et répercute la « réalité provinciale », voire urbaine, bien plus qu'il ne la nie, est en effet une dimension structurelle et structurante de l'évolution du pays. À la longue, le régionalisme en est venu à occuper, dans la mise en œuvre d'une vision et d'une pratique globales du Canada, une place tout aussi importante, peut-être plus importante à certains égards, que le facteur de la dualité linguistico-culturelle au pays. Le régionalisme a par ailleurs accéléré la transition, certes contenue en germe dans le pacte confédératif mais qui aurait pu ne pas disposer des conditions effectives pour se réaliser, de la Confédération du Canada au Canada fédéré — ce qui est une problématique fort différente de la construction nationalitaire. Faire l'histoire du Canada à partir d'une perspective régionaliste n'est pas trahir le passé du pays. C'est reconnaître que le Canada s'est initialement construit et persiste toujours dans la tension insoluble entre un État central à prétention et à potentiel unitaristes, d'une part, et des ensembles de forces vives qui opèrent à l'échelle de régions ou de provinces, d'autre part. De ce point de vue, le Québec apparaît d'ailleurs dans une situation à part puisqu'il est, au Canada, le seul espace à cumuler le triple « statut » de province instituée, de région historique et de foyer principal de l'un des deux grands groupements linguistico-culturels au pays.

Selon la vision préconisée ici, le Canada n'est pas l'accomplissement de l'unité dans la diversité[52]. Il est l'expression indépassable d'une tension jamais symétrique entre forces centripètes et forces centrifuges. Cette tension (ou dissonance) est précisément le lieu d'expression et de condensation des blessures et des possibilités qui forment depuis toujours la matière de l'expérience canadienne. Vouloir sortir de cette dialectique des blessures et des possibilités, donc vouloir refaire l'histoire du Canada en deçà ou au-delà de cette tension tout à la fois créatrice et destructrice sur laquelle il s'est élevé, c'est, de nouveau, perdre le sens de la canadianité.

Certes, une telle vision n'est pas partagée par tous les intervenants et interprétants ayant réfléchi, hier ou aujourd'hui, sur l'expérience canadienne. Cela ne surprendra guère. On sait à quel point ont fourmillé, dans l'histoire du pays et encore maintenant, les décideurs et penseurs qui ont cherché à en finir avec cette tension, apparentée à un problème plutôt qu'à une source d'inventivité et de régénération, qui marque l'aventure canadienne. Jusqu'ici — heureusement peut-être — leurs initiatives se sont soldées par autant d'échecs. À plus d'un titre, on pourrait d'ailleurs soutenir que le Canada s'est historiquement forgé comme un ensemble de paris perdus par la raison intransigeante des pouvoirs dominants et des majorités contre l'insistance des acteurs et des minorités à perdurer dans le temps en ne cessant jamais de s'affirmer et en cherchant à composer avec la réalité des choses et celle des autres plutôt qu'en les refusant ou en s'exilant dans des lieux d'être exigus.

Raconter l'histoire de cette insistance à s'affirmer et à perdurer — démarche qui oblige l'interprétant à se situer au cœur d'une dialectique de résistances et d'offensives de la part des groupes et groupements en présence, donc d'accommodements asymétriques entre les parties impliquées —, c'est se donner les moyens de reconnaître le potentiel de récupération propre à l'expérience canadienne. C'est s'attaquer de front à l'opération de transformation des blessures en possibilités. C'est renouer avec la notion de deuil, qui, on l'a vu, n'est pas quittance ni renoncement par rapport à ce qui fut, mais bien production de plus-value de sens *pour* la vie et *pour* l'avenir.

Retrouver le sens de l'expérience canadienne

Que conclure au terme de ce petit article?

Le premier constat qui ressort touche aux limites de l'histoire pluraliste. S'il est indéniable que l'élargissement extraordinaire qu'a connu la production historienne portant sur le passé du Canada a entraîné un éclatement des représentations que l'on avait du pays, force est d'admettre que l'on a perdu, dans cette mouvance scientifique obéissant aussi à l'humeur d'une époque, le sens de l'expérience historique canadienne. Il est à se demander si, au total, la collectivité canadienne est sortie gagnante de cet échange entre la science et la politique. En tout cas, la question vaut la peine d'être posée réalistement. Le récit historien, en effet, ne peut être élaboré en dehors de toute considération morale, éthique et politique. Il doit consister en la recherche d'une position narrative optimale entre la factualité du passé et sa complexité irréductible, d'une part, et la nécessité de parvenir à des lieux de synthèse interprétative qui donnent du sens à la présence de ceux qui, pour construire l'avenir, ont besoin de se situer dans un rapport de reconnaissance et de distance avec leurs prédécesseurs et avec l'ayant-été, d'autre part.

Le second constat porte sur la nécessité, pour décrire l'expérience historique du Canada dans ses ambiguïtés constitutives, de recourir à des notions, à des concepts et à des formulations qui fassent précisément ressortir cette ambiguïté plutôt que de la cacher ou de l'atténuer. À nos yeux, cette ambiguïté n'a d'ailleurs rien de paradoxal ou de contradictoire. Elle apparaît au contraire comme dépositaire d'une dialectique porteuse entre les blessures et les possibilités, entre la fermeture et le dialogue. De notre point de vue, l'ambiguïté de l'expérience historique canadienne n'est pas la manifestation d'une « faillite nationale » ou celle de la digression déplorable d'un destin par rapport au type idéal de l'État-nation. Elle n'est pas davantage l'expression d'une incapacité à être et à vivre ensemble pour les habitants du pays. Elle est un *parcours original* qu'il faut reconnaître comme tel, une trajectoire dont il faut exploiter les ressources pour activer la suite des choses.

Pour traduire l'expérience historique canadienne, les notions confondantes mais fort justes d'« équilibre instable », de « proximité distante », de « maillages dissonants », d'« interdépendance orageuse », etc., apparaissent particulièrement heureuses. Imaginons en fait, pour nous représenter le Canada dans le mouvement incessant de son ordre ou de son désordre, c'est comme on veut, une structure mobile à la Calder où les éléments palpables, en continuel balancement les uns par rapport aux autres, les uns avec les autres et les uns contre les autres, produisent une sorte de composition dissonante de figures réelles et virtuelles où l'harmonie est toujours en construction, c'est-à-dire jamais atteinte et continuellement à refaire.

Dans tous les cas, le défi qui s'offre à la prochaine génération d'historiens désireux de (re)penser le Canada n'est pas d'occulter le passé au bénéfice de l'avenir ni de magnifier ce passé pour sauver le pays de l'avenir appréhendé. Ce défi consiste peut-être davantage à assumer ce que fut le passé, y compris sous ses « côtés obscurs », et à se libérer en toute conscience, par une narration empreinte de reconnaissance et de distance, de ce que, en tant qu'héritiers, il apparaît inapproprié de porter dans l'avenir.

Articuler la reconnaissance et l'espérance au cœur de l'acte interprétatif, sous l'égide de ces deux vertus cardinales que sont la vigilance critique et le jugement moral, telle est l'expression idéale de la position d'objectivité qui, au-delà de toute autre considération, doit traduire, chez le narrateur, une aptitude à penser l'expérience humaine dans ses tiraillements et sa force de transcendance, c'est-à-dire dans son humanité pérenne. Car penser, disait Pascal, c'est passer...

Le sort du passé

Risques et défis de la narration historienne
(notes sur Le Sort de l'Amérique *de Jacques Godbout)*[*]

Chaque œuvre intellectuelle est toujours, en partie du moins, d'ordre autobiographique. Jacques Godbout n'échappe pas à cette constante qui veut que l'écrivain pense le monde en se pensant lui-même[1]. Dans son documentaire sur *Le Sort de l'Amérique*, dont on peut dire qu'il a piqué au vif bien des commentateurs après les avoir saisis[2], le cinéaste se mesure à une terrible question qui est très certainement au cœur de la condition identitaire québécoise en plus, fort probablement, d'être au centre de la sienne aussi comme individu : le passé peut-il mourir ou doit-on continuellement le réanimer de manière à entretenir son action tutélaire sur le présent et l'avenir ?

L'une des scènes les plus intimes du film nous révèle l'essentiel du projet poursuivi par l'auteur. S'adressant à René-Daniel Dubois pour l'informer des motivations se voulant à l'origine de son entreprise filmique, Godbout, sans équivoque pour une fois, fait part à son

---

[*] Texte repiqué avec la permission du Centre de recherche Lionel-Groulx.

collègue des paroles paradoxales que lui adressait son père peu avant de mourir, père qu'il décrit comme un homme ouvert et libéral, anglophile et nationaliste, pour le Canada et derrière René Lévesque tout à la fois : « Mais n'oublie pas, Jacques, que les Anglais ont brûlé nos fermes, ont brûlé nos maisons[3]. »

Pris au piège de ce rappel pesant, l'auteur des *Têtes à Papineau*, qui sait à quel point les collectivités comme les individus sont en réalité polyvalents et éclectiques plutôt qu'univoques et monovalents, est partagé entre sa volonté de se libérer d'un héritage qui l'empêche de dériver vers un *Ailleurs* identitaire et culturel — une espèce d'américanité atypique — qui l'attire depuis toujours et sa crainte que les plaines d'Abraham, de lieu de souvenir qu'elles sont encore tout juste, ne soient définitivement transformées, par des jeunes dont on prétend qu'ils perdent la mémoire, en un champ de vices, de *Junifest* et de *roller skating*.

Pour nourrir sa réflexion et la baliser peut-être, Godbout s'entoure de deux personnages antinomiques et complémentaires qui lui servent simultanément de référence et de repoussoir.

Le jeune Philippe Falardeau[4], candide devant la vie et semblant croire que le passé possède un droit de veto sur sa matière et ses usages, joue le rôle de l'« ange » (ou de la bonne conscience, ou de la droiture). Celui-ci rappelle à qui veut l'entendre — et notamment à son mentor — que l'on ne peut pas manipuler impunément l'ayant-été ; que la narration du passé doit obéir aux règles de l'art scientifique ; et qu'il y aurait lieu certainement de consulter les historiens, vestales de la connaissance juste contre les hérauts du sens commun et les rhéteurs de tout acabit, pour « avoir l'heure exacte » sur ce qui fut[5].

René-Daniel Dubois, qui possède une expérience de la vraie vie et qui sait comment l'on ne peut donner de sens aux choses qu'en les articulant aux mots, agit de son côté comme une espèce de « diable » (sorte de conscience fourbe mais attirante tout à la fois, sinon salutaire à plusieurs égards). La thèse que défend RDD et qu'il incarne par sa pratique est joliment simple : le passé est impensable sans intrigue ; l'intrigue retient l'insoutenable légèreté de l'être et la fluidité de la vie ; l'histoire est au fond le passé en ce sens que les acteurs font toujours une histoire de ce que le passé a fait d'eux. En d'autres termes, la fiction est la maîtresse inassouvissable des hommes et il est illusoire de vouloir les séparer ; si l'on veut parler du passé, il faut nécessairement *passer* par une médiation narrative où la clarté et la cohérence de l'exposé l'emporte(ro)nt inéluctablement sur le tohu-bohu des faits et gestes d'acteurs arrachés à leurs intentions premières et à leurs prédestinations par la surprise, par l'inattendu et par l'erreur. Pour tout dire, il n'y a rien à comprendre du passé que ce que l'on en dit, en déduit et en décrit après coup[6].

Or, c'est précisément l'orientation de cette narration *ex post* qui fait problème pour les intéressés.

En tant qu'apprenti documentariste, Falardeau, pour sa part, voudrait en effet, dans la construction de sa narration, respecter la démarche consacrée, c'est-à-dire attendre la « bête factuelle » en espérant qu'elle apparaisse, prendre appui sur du solide plutôt que sur du discours, tenir compte des contextes, multiplier les angles d'approche, complexifier l'affaire et l'investigation de manière à établir des liens, le but visé étant de comprendre, d'expliquer, d'apporter des réponses, de sortir des fantasmes et de la fiction, quitte à faire état, le cas échéant, des zones d'ombre et des éléments rebelles à toute interprétation globale, mais sans jamais démissionner devant le défi ultime du narrateur, soit de parvenir à un point de vue fondé et documenté sur le passé[7].

En tant que scénariste devant immédiatement et implacablement faire face à l'appel et aux contraintes du sens univoque, RDD, de son côté, doit au contraire résoudre ce qui fait problème. Il ne peut rien laisser au hasard. Il lui faut occulter les vides. Il doit fabriquer de la cohérence et de la suite afin de créer de l'intercompréhension. Sa logique est évidente : pas d'intercompréhension, pas de communication, donc rien à raconter. Or, pas d'histoire, pas d'héritier ; et pas d'héritier, pas d'avenir non plus ; rien que du présent, c'est-à-dire de la consécution sans conséquence. Risqué et un peu plat, non ?

Au terme du documentaire, on apprend que RDD a emballé le passé dans une belle histoire sensée et linéaire avec des héros et des félons, des catins et des révérencieux, du solennel et du modeste, de la bravoure et de la peur, des drapeaux et des amours, des bons et des méchants. Il s'envole pour Hollywood, là où apparemment on écrit l'Histoire[8].

Falardeau et Godbout restent penauds, dans cet espace de vacuité inappétente qu'est la salle d'attente d'un aéroport, sans destination, sans histoire à raconter et sans public à qui parler. À regarder l'heureux « concurrent » qui s'élève. Envieux et dépités. Comme deux Godot raillés.

« Qu'est-ce qu'on fait ? » demande Falardeau à Godbout après avoir salué RDD qui part.

« On attend son film », de répondre l'autre.

À l'évidence, Falardeau ne supporte ni cette attente ni cette absence de résultat qui, pour lui, expriment un échec et une défaite. Il ne semble pas non plus admettre que la quête du documentariste, projet de rendre ce qui fut dans sa polyvalence et ses fluctuations incessantes de sens, puisse déboucher ailleurs que dans le lieu d'une unité compréhensive et interprétative, c'est-à-dire dans une narration qui soit juste par son fond et sa forme.

Piégé d'un côté par l'absence et de l'autre par l'*absens*, le jeune caméraman se recycle comme chauffeur privé pour le compte d'une femme d'affaires anglophone de Montréal — il aurait pu aussi noyer sa peine dans l'ab…sinthe ! — et considère Godbout comme le « traître » de toute l'affaire[9].

Cette invective est intrigante. Quelle en est la signification ? Godbout se serait-il comporté comme un mauvais maître à l'endroit de son assistant ? Aurait-il manqué de courage dans son incapacité à terminer l'œuvre entreprise ? Serait-il, malgré sa prétention à utiliser RDD pour son documentaire, tombé sous la coupe du scénariste-historien-de-service ?

Imaginons un scénario plus complexe : Godbout est un « traître » parce que, en ne produisant pas d'histoire cohérente du passé et en n'offrant pas à ce passé de dénouement univoque, il largue les siens dans une espèce de néant identitaire, sans possibilité de se saisir pour soi dans le temps d'une narration de soi, en proie aux langoliers, ces dévoreurs d'identité et de présence qui ne laissent, comme précipité de l'être et de l'étant, y compris collectifs, qu'une vague trace d'inanité sonore — ce qui est bel et bien l'*absens*[10].

Dans la perspective du sort de l'Amérique, le traître n'est pas en effet celui qui élabore une histoire fictive (RDD) ou une autre histoire (Laurier Lapierre)[11], car ces démarches engendrent du sens, matière première, nourriture intermédiaire et production finale de la conscience. Le traître est au contraire celui qui n'assume pas son rôle de parolier, qui laisse le groupe sans miroir pour se regarder et dialoguer avec lui-même. Le traître est celui qui ne permet pas au groupe de se donner une consistance dans l'image mimée qu'il exécute de lui-même dans le temps. Le traître est celui qui ne rachète pas *le groupe dans le passé* par une histoire orientée pour le bénéfice d'un avenir à construire, soit *le groupe dans le devenir de sa continuité*. Le traître est en somme celui qui laisse le passé entre les mo(r)ts plutôt que de le ressusciter pour les vivants et les descendants.

Or, au lieu de s'emporter devant l'insolence de son assistant, Godbout se moque de l'insulte de Falardeau. Comment interpréter cette réaction en apparence déconcertante?

Première hypothèse: Godbout savait peut-être dès le début qu'il n'aboutirait nulle part avec son projet de documentaire, c'est-à-dire qu'il déboucherait dans un *nowhere* interprétatif. L'homme a du métier et de l'expérience. Après tant de romans écrits et de pellicule tournée, il n'ignore pas que la réalité du passé réside au fond dans l'histoire, un peu comme l'homme concret n'est finalement à découvert que dans la fiction. Godbout sait — et l'affirme même ouvertement — qu'il faut mentir pour dire la vérité des choses[12]. Inutile, donc, de concurrencer les RDD et autres magiciens de l'intrigue. Godbout sait aussi que de complexifier la matière du passé ne modifie pas les croyances fondatrices. Pourquoi dès lors s'ingénier à proposer un récit objectif, différent de celui que l'on possède déjà, de 1759? Impossible de livrer bataille à l'histoire, surtout quand elle est récit de *Soi*.

Deuxième hypothèse: par son rire, Godbout admet possiblement qu'entre la fiction et la factualité positive il existe une complétude plutôt qu'une opposition. Godbout adhère peut-être à cette thèse de Paul Ricœur voulant que l'agir humain soit tel qu'il appelle, pour se comprendre lui-même, le récit qui en restitue les articulations fondamentales. Selon ce raisonnement, l'action serait d'une manière ou d'une autre demande de récit. Non seulement le récit serait un élément consubstantiel à la factualité de l'action, mais il serait aussi la réalisation effective de celle-ci. Dans ce contexte, 1759 serait la somme inséparable de ce qui fut et de ce que l'on a dit, hier et maintenant, de l'épisode. RDD serait acteur de l'événement autant que Wolfe, Montcalm et combien d'autres l'ont été ou le seront. En clair, de la même manière qu'il est sans commencement, le passé serait sans dénouement. Pourquoi *sens* faire?

Mais il se pourrait aussi que dans ce rire (jaune?) — troisième hypothèse — Godbout ait cherché à échapper à l'héritage insupportable légué par son père. Godbout est peut-être d'avis que l'on doit faire son deuil du passé. Faire son deuil, dans ce cas-ci, ne consisterait pas à oublier 1759 et tous les épisodes successifs qui scandent le grand récit collectif accrédité des Québécois d'héritage canadien-français. Ce serait abandonner le grief échafaudé sur une éternelle réminiscence du passé : un grief qui oblitère l'avenir plutôt qu'il ne l'ouvre, un grief qui transforme les descendants en endeuillés plutôt qu'en deuilleurs, un grief qui remue la sédimentation des pertes plutôt qu'il n'explore d'autres dimensions, tout aussi importantes, de l'expérience historique québécoise. Peut-être Godbout croit-il que le temps est venu de panser le passé pour permettre aux héritiers de se libérer de l'inoubliable, de quérir leur propre sens et de réécrire une nouvelle histoire. En ce cas, le non-aboutissement de sa démarche serait rachat d'un imaginaire inconsolable. Quelle histoire!

Pour une révolution de la mémoire collective

Histoire et conscience historique
chez les Québécois d'héritage canadien-français[*]

Dans un petit ouvrage[1] on ne peut plus triste par son propos et désespérant par la vision projetée de la condition québécoise[2], Serge Cantin laissait entendre, si je saisis bien le sens de son argumentation, qu'aimer et comprendre le Québec c'était d'abord se réconcilier avec la pauvreté de ses origines en tant que Québécois, c'était reconnaître la pauvreté québécoise en soi. Une pauvreté matérielle bien sûr, comme découlant de l'action aliénatrice, usurpatrice et dénégatrice des autres contre le groupe ; mais une pauvreté mémorielle surtout, comme résultant de l'oubli des héritiers envers l'action fondatrice des ancêtres, action appelant avenir de continuité et prise en charge, par les contemporains, du legs de douleur et d'espoir — celui d'une libération salutaire — transmis par les anciens.

---

[*]Article composé à partir de textes repiqués avec la permission des Presses de l'Université Laval et des Presses universitaires de France.

En finale de son livre, Cantin écrivait : « La nouvelle Révolution tranquille du Québec sera une révolution de la Mémoire ou ne sera pas. » La formule du philosophe est juste. Mais le raisonnement qui la fonde et l'appelle est erroné ; et l'horizon introspectif, sinon prospectif, ouvert au groupe par sa thèse, inlassablement reprise dans les deux cents pages du recueil, rien de moins que désolant et impossible à endosser.

Misère et mélancolie

Lire l'ouvrage de Cantin est une expérience intellectuelle déprimante. Non seulement les Québécois y sont décrits par un répertoire d'épithètes empreintes de misérabilisme, mais ils sont également dépeints comme inconscients de leur propre aliénation.

Inconscients, d'abord, parce que oublieux de leur tourment séculaire — un oubli qui les égare dans les limbes de l'hésitation et de l'étiolement, incapables qu'ils sont d'assumer leur destin et de passer, enfin, de l'état de « nation culturelle » à celui de « nation politique ». Inconscients aussi parce que prompts à se laisser griser par les mirages avilissants de cette espèce de matérialisme faussement réconfortant venant du Sud ou de l'autre côté de la rivière des Outaouais, mirage les berçant d'illusions, les dopant de paradis artificiels et les détournant de leur destinée historique. Inconscients enfin, mais malgré eux cette fois, parce que ayant intériorisé en leur identitaire le regard rabaissant et traumatisant, voire injurieux, de l'autre, regard hantant encore leur imaginaire et leur conscience d'être.

Cantin n'est évidemment pas le seul à rendre et à traduire la condition québécoise sur le mode de la tragédie, de l'hibernation, du parcours infléchi, de la survivance dans le repli et le retrait, et quoi encore. Cette vision triste, voire accablée, du passé du groupe est celle que tous les grands intellectuels canadiens-français et franco-québécois, depuis Garneau jusqu'à Dumont, ont bâtie de bonne foi et de bonne guerre — bien qu'à des degrés variables de modulation, de subtilité et de complexité. Cette histoire de ce qui fut s'est imposée chez ces monuments de la parole collective moins par exigence objective du passé lui-même — comme si l'ayant-été pouvait entièrement déterminer ses configurations narratives — que par souci des intéressés, compte tenu de la précarité réputée et assumée du groupe, voire de la mort éventuelle de la nation dans son existence empirique, d'établir une complicité morale avec les leurs.

Dans l'esprit de ces initiateurs de conscience historique, la fragilité constitutive du groupe exigeait en effet de porter le pays comme on tient un enfant. C'est ainsi que, pour eux, la mémoire devait être au commencement de la méthode, la misère devait structurer l'objet, la mélancolie devait donner le ton du texte et le texte devait nourrir la mémoire. À défaut de boucler cette boucle identitaire fondée sur une espèce d'inoubliable dèche collective — une dèche causée par le repoussement de l'autre, bien sûr —, l'avenir du groupe se voyait menacé. Oublier sa condition de victime dans l'Histoire, c'était en effet se donner une fausse conscience de soi. C'était aussi risquer de ne plus se voir comme perdant. C'était surtout, ô malheur, reconnaître que l'attitude attentive, accommodante et pragmatique du collectif, avec ses postulats et ses conséquences politiques peu glorieux mais fort efficaces, était effectivement le principe cardinal de l'expérience passée et l'horizon envisageable du groupe. Comme si, en dehors de la souffrance, les Québécois cessaient d'exister, se désolidarisaient de ce qu'ils étaient et répudiaient le lieu originel et fondateur de leur identité réputée : Saint-Sauveur Viarge[3].

Il faut l'admettre, les Québécois n'ont jamais comblé ceux qui se sont donné pour mission de les conceptualiser comme groupement par référence. Voilà pourquoi plusieurs penseurs ont sombré dans une mélancolie à n'en plus finir, certains s'indignant que les Québécois soient continuellement infidèles à leur identité octroyée, d'autres se désolant qu'ils ne s'affranchissent pas de leurs dominations présumées, d'autres encore, s'accrochant à une agréable rêverie, espérant qu'ils finiraient par comprendre.

Bien que l'on ne compte plus, tant ils sont nombreux, les travaux savants décrivant l'aventure historique des Québécois sous un jour positif, il est un réflexe ultime, apparemment inexpugnable, qui perdure dans l'esprit et la prose de bien des petits et grands paroliers, et c'est celui de pleurer le sort plus ou moins manqué ou inaccompli du groupe. Dans un texte présenté comme une mise au point sur l'état et l'avenir du nationalisme dans la société québécoise, Gérard Bouchard, dont on ne saurait minimiser l'importance comme penseur dans le paysage intellectuel québécois, reprenait à son tour l'éternelle complainte du destin inachevé et de la culture qui ne s'est jamais complètement exprimée — complainte qui semble tout à la fois complémentaire et contradictoire par rapport à ses thèses critiques à l'endroit des représentations traditionnelles du Québec — en écrivant : « Des tendances, des aspirations collectives parmi les plus légitimes et les plus fondamentales attendent toujours de s'exprimer [au Québec]. [...] Il y a ici un rêve continental, américain, qui sommeille, captif de nos ambiguïtés et de nos hésitations[4]. »

Cette sentence, caractéristique d'une vision et d'un discours fort répandus, sinon dominants, voire axiomatiques, dans l'espace historial et mémoriel québécois, reste au fond prisonnière de cette mélancolie qui surdétermine ou inspire l'histoire par laquelle l'on donne sens, cohérence et matière dense au passé des Québécois. Chacun des mots utilisés par Bouchard transpire en effet le désappointement, l'embarras, la contrariété devant ce qui est observable et peut être diagnostiqué, soit la refondation apparemment inachevée des Québécois et l'amphibologie caractéristique de leur agir, une (in)disposition tout de même modifiable pourvu que certains obstacles soient levés. Comme si les Québécois, dans ce qu'ils sont effectivement, se voulaient désespérant de ne jamais être et faire comme il se doit, se contentant plutôt d'exister dans un état perpétuel d'inaccomplissement collectif. Comme si leur hésitation et leur ambiguïté, décevantes évidemment, n'étaient pas des objets à conceptualiser et à assumer peut-être, mais des problèmes à résoudre et des maux à révoquer.

« La tragédie du colonisé », écrivait Louis Cornellier dans un article où il soulignait et critiquait à son tour la désinvolture dont fait preuve le Québécois à l'égard de son sort, de sa mémoire et de son avenir, « c'est que plus son état s'aggrave, plus les sursauts de conscience lui font défaut[5] ». On sent dans ces doléances le souffle d'un sempiternel constat, celui que dressait notamment Fernand Dumont sur les siens il y a près de trente ans en plaçant en exergue de son ouvrage *La Vigile du Québec* cette pensée d'Ernest Renan :

> Souvenons-nous que la tristesse seule est féconde en grandes choses, et que le vrai moyen de relever notre pays, c'est de lui montrer l'abîme où il est. Souvenons-nous surtout que les droits de la patrie sont imprescriptibles, et que le peu de cas qu'elle fait de nos conseils ne nous dispense pas de les lui donner[6].

Peut-on, doit-on continuer de conceptualiser de manière aussi désespérée et vexée, avec en latence l'espoir d'un changement de donne aussi salutaire que magique, l'expérience historique des Québécois ? Quand finira-t-on de pleurer l'« assoupissement supposé du géant » — pour user des mots de Félix Leclerc ? Quand cessera-t-on de parler, pour décrire la condition du groupe, de destin raté, de parcours brisé ou infléchi, de décrochage confus, d'itinéraire empêché par les autres et par soi-même, pour, au contraire, endosser les choix de toujours de ce groupe en l'amenant à se reconnaître comme il est, c'est-à-dire ambivalent dans son êtres, démarche de reconnaissance qui pourrait constituer le moyen de sa véritable libération ?

Il est permis de croire que la fatigue politique ou culturelle du Québec français à se débattre et à se défendre, si tant est que pareille humeur se vérifie, est d'abord l'expression d'une fatigue intellectuelle de ses grands et petits penseurs, tout au moins de ceux et celles qui instruisent, modèlent et boulonnent la conscience historique du collectif, plutôt qu'elle ne traduit un état d'être du groupe.

Penser l'expérience québécoise en dehors du triptyque misère-mélancolie-refondation, qui n'est que la reprise locale d'une problématique plus générale dont les termes principaux sont ceux de la souffrance, des lamentations et de la délivrance, commande une rupture épistémique apparemment difficile à réaliser pour ceux qui ont la faculté, le devoir et la responsabilité de dire. C'est pourtant ce défi qui est à l'ordre du jour, car, de toute évidence, le récit misérabiliste et mélancolique a épuisé, auprès de ceux à qui il est destiné depuis toujours, l'objet de son imagination.

Une révolution de l'histoire

Cela ne fait aucun doute dans notre esprit : l'avenir des Québécois, dans le cadre du Canada ou en dehors, passe aussi par un nouveau rapport du groupe à son passé et par une reconformation des paramètres de son histoire et de sa mémoire collectives colligées.

S'atteler à cette tâche de reconformation historiale et mémorielle du parcours collectif — une entreprise moins liée à la production de connaissances inédites qu'à l'abandon d'une perspective sur le passé et d'un mode de mise en narration de ce passé — n'est certes pas une besogne simple à exécuter ni peut-être moralement facile à accomplir. Et pour cause : elle oblige en effet celui qui entend la réaliser à rien de moins qu'à « impenser » son pays, c'est-à-dire à se situer et à réfléchir en marge de l'histoire généralement pensée de ce pays qu'il apprécie et auquel il appartient[7]. Cette opération exige également, de la part de celui qui s'y livre, de rompre avec une tradition intellectuelle tracée par de formidables paroliers, le dernier en date étant Fernand Dumont, penseur puissant dont l'œuvre marque décisivement la conscience historique contemporaine des Québécois d'héritage canadien-français.

« Impenser » l'expérience historique québécoise, au sens où nous l'entendons, c'est déconstruire et abandonner des topiques et des tropes par lesquels le passé et la condition de ce groupe ont été révélés à l'entendement collectif, des topiques et des tropes sur lesquels s'est élevée et repose toujours la conscience historique de la communauté. En pratique, qu'est-ce à dire ?

Pénétrer les figures impensables de la condition québécoise, c'est d'abord s'extirper résolument de cette espèce d'épistémè empreinte d'abattement et de nostalgie, tout entière fondée sur les concepts de misère et de pauvreté, qui nourrit la réflexion des grands intellectuels d'ici, poètes tout autant que savants, sur la condition des gens d'ici[8]. Il apparaît en effet impératif que l'on cesse d'entretenir cette idée voulant que les Québécois appartiennent au « prolétariat » de l'histoire et que, de cette condition, découle ce que l'on perçoit et décrit chez eux comme étant une « mentalité hésitante », un « réflexe défensif », un « complexe de peureux » et une « conscience négative d'être ». Non seulement cette vision pessimiste du groupe est remise en cause par les travaux récents des historiens, mais aussi elle empoisonne toute possibilité d'envisager la réalité québécoise dans sa polyvalence et ses nuances, c'est-à-dire dans son ambivalence fondatrice et constitutive. Plus encore, elle rend impossible la conceptualisation adéquate des tensions et des complétudes — dont les dynamismes sont souvent imprévisibles — entre les sociabilités primaires, la communauté d'appartenance et la société instituée, niveaux et sphères de vécu, de perçu et de glosé dans lesquels se meuvent les acteurs emportés par leur raison sensible tout autant, sinon davantage, que par une quelconque mentalité d'agents interpellés par leur culture. En fait, cette vision pessimiste empêche de tirer profit à sa juste valeur d'une notion aussi féconde que celle de « groupement par référence », par exemple.

Pénétrer les figures impensables de la condition québécoise, cela veut dire aussi se doter d'un répertoire de concepts intermédiaires, à vocation empirique plutôt que téléologique, qui permette de révéler la réalité historique dans ses confusions et ses équivoques, dans ses contradictions et ses tourments, dans ses tiraillements et ses tâtonnements, dans ses aventures et ses tensions, plutôt que dans son caractère univoque ou son mantra apparent, ou dans son processus constitutif et cumulatif.

À cet égard, il faut admettre que les concepts de « nation » et de « peuple » québécois, utilisés comme ils le sont la plupart du temps, c'est-à-dire comme renvoyant à une réalité déterminante et totalisante, sont, d'un point de vue analytique, contraignants plutôt que féconds pour saisir la réalité complexe des croisements contradictoires et complémentaires qui se manifestent entre les trois niveaux de la sociabilité, de la communauté culturelle d'appartenance et de la société civile instituée qui, ensemble, forment une entité et définissent largement, mais non pas entièrement, ce qu'on appellera la formation sociale du Québec.

À propos de cette communauté d'appartenance, dont on ne peut nier l'existence, il y aurait lieu, pour aller dans le sens de nos vues, de l'envisager sur le mode de la communauté communicationnelle et historiale, c'est-à-dire comme une communauté en évolution continuelle et en tension permanente avec la société qu'elle nourrit et les sociabilités sur lesquelles elle s'élève; comme une communauté n'étant ni achevée ni inachevée; comme une communauté à la trajectoire non programmée, non théorisable et non prévisible; comme une communauté aux frontières continuellement franchies par ses membres; comme une communauté largement déterminée par les aléas de l'histoire plutôt qu'imposant à cette histoire sa propre fatalité nationale; comme une communauté existant sur le mode d'un processus ouvert plutôt que renvoyant à une graine originelle plantée par les ancêtres et appelant un quelconque avenir de continuité.

Il est toute une série d'autres concepts, métaphores et images sur lesquels il faudrait revenir pour se donner les moyens d'accéder au passé québécois dans ses figures impensables. Au premier chef celui de société globale. Ce concept, qui est intimement lié au remodelage de l'imaginaire franco-québécois dans les années 1960, a, par glissements successifs, contribué à fonder une représentation — ou plutôt une conscience — de la collectivité québécoise qui a rendu possible son interprétation historique et contemporaine en tant qu'entité pensée et pensable en soi, sorte de tout recouvrant des pratiques de convergence, un tout dont on pouvait retracer le passé comme tel et que l'on pouvait, pour cette raison, décrire comme une entité inachevée, tronquée, brisée, cassée, aliénée, opprimée, etc., bref comme une culture dont le projet était sans cesse compromis dans la mesure, précisément, où la société globale québécoise ne s'achevait pas, restait en situation d'inaccomplissement à la suite d'une tutelle malheureuse imposée par l'autre[9].

Envisager la réalité historique québécoise sous l'angle de la société globale, ne nous trompons pas, est une position tout autant idéologique qu'empirique. Il faut en saisir les limites. Ce concept ne permet tout simplement pas d'accéder à l'objet qu'il tend à représenter — la formation sociale du Québec — dans ses fugacités et ses volatilités, dans ses plis et ses divergences, dans ses polyvalences et ses exubérances jamais complètement synthétisées, dans ses rapports *avec et contre* l'expérience canadienne, c'est-à-dire au centre de la canadianité[10]. Ce concept empêche également de saisir l'expérience québécoise comme étant ambivalente et mouvante ou, ce qui est une autre façon de dire la même chose, de poser l'ambivalence et la mouvance non pas comme des digressions gênantes mais comme des arbres articulant l'expérience québécoise. En pratique, le concept de « société globale » ne permet que de documenter la « misère à être » de la culture — dans ce cas-ci la nation (franco-)québécoise — et de nourrir en conséquence la mélancolie de l'observateur désespéré de voir cette culture, ou cette nation, tant tarder à être.

Pour accéder au passé québécois dans ses figures impensables, on pourrait de même remettre décisivement en cause cette idée selon laquelle le passé du groupe n'a toujours consisté qu'en une lutte de survivance. On sait que la survivance est habituellement décrite comme une stratégie de repli de la part du groupe investi de l'extérieur ou miné de l'intérieur. En clair, la survivance est une « mise en hibernation » du groupe coïncidant avec sa « mise en réserve » et découlant de l'action complémentaire, sinon concertée, des héritiers du Conquérant et de sa lieutenance locale, sorte de parias fiduciaires de l'*indirect rule* imposée par le dominateur.

Or, cette interprétation nous semble un peu courte. À notre avis, la « survivance » — nous prenons le terme avec des pincettes — doit être envisagée comme une entreprise de consolidation du groupe dans un contexte d'interaction culturelle et de phénomènes migratoires majeurs ayant marqué l'Amérique du Nord pendant tout le XIXᵉ siècle. La « survivance » n'a par ailleurs toujours constitué que l'un des volets d'une recherche de positionnement du groupe dans un espace bien plus grand, à savoir le Canada et l'Amérique du Nord, recherche dont l'adhésion au pacte confédéral et au projet canadien était une composante tout aussi importante. Prétendre que le passé québécois se résume d'abord et avant tout à une lutte de survivance n'est, de nouveau, qu'une façon de raconter et de recentrer (ou de décentrer) le passé du groupe à l'aune de la métaphore de la crucifixion continuelle.

Notre vision des choses est différente : le passé québécois, si tant est que l'on s'en tienne à l'une de ses dimensions cardinales, à savoir la quête d'affirmation du groupement d'héritage canadien-français, a bien plus consisté en la recherche, par ce groupement, d'une position intermédiaire optimale, satisfaite et tranquille entre le spectre de l'assimilation et celui de la marginalisation qu'en une volonté de devenir complètement indépendant ou de se refermer sur soi en s'écrasant. Cette recherche, si elle a été caractérisée par ce que certains ne cessent de voir comme des replis, a tout autant été marquée par des victoires, voire par des avancées notables, y compris dans leur caractère inusité.

La recherche de cette position optimale intermédiaire, par ailleurs, ne doit pas être perçue comme étant l'expression d'une entreprise de construction par la négative ou dans le malheur du *Nous les Québécois*. Elle a plutôt été la manifestation d'une volonté assumée, par la majorité, de se construire comme groupe dans l'ambivalence en maintenant la trajectoire du collectif dans l'espace avantageux tracé par les deux lignes du risque calculé que constituaient, d'une part, le Québec, et, d'autre part et successivement, l'Empire, le dominion et le Canada.

Nous n'entendons pas nous étendre ici sur la perspective ouverte par cette thèse, car nous en aurions pour des pages. Disons que cette vision des choses oblige à revenir sur l'interprétation traditionnelle du passé du groupe, et ce, depuis l'époque de la Nouvelle-France jusqu'à nos jours en passant par les rébellions de 1837-1838 — qui n'ont jamais eu le caractère déterminant qu'on leur a prêté dans la destinée collective, ce qui ne veut pas dire que certains horizons d'attente n'aient pas été suspendus dans l'échec des émeutes —, en passant par le siècle d'une présumée « hibernation » québécoise — ces cent ans n'ont pas coïncidé avec une période de repli sur soi ou de dégénération collective, bien au contraire —, en passant par l'époque duplessiste — que l'on ne peut plus associer au dernier hoquet d'arriération du groupe —, en passant par la Révolution tranquille — qui ne constitue pas une rupture décisive du groupe par rapport à son ambivalence antérieure — et en passant aussi par le projet actuel de souveraineté-partenariat — qui marque l'adaptation de la volonté d'affirmation québécoise aux conditions posées par la mondialisation économique, et ce, dans le cadre d'un partenariat stratégique avec les autres provinces canadiennes et le gouvernement fédéral.

Que l'on nous comprenne bien ici : en insistant sur l'ambivalence d'êtres comme caractéristique centrale de l'expérience historique québécoise, nous n'entendons pas nier que le groupement canadien-français ait vécu la domination de l'autre, qu'il ait fait face à l'adversité, qu'il ait dû affronter toutes sortes d'irritants, qu'il ait connu le malheur et qu'il ait subi des formes plus ou moins accentuées de minorisation, de dénégation, d'infériorisation, voire d'exclusion. C'est le contraire qui est vrai : la construction de l'État canadien et le processus de canadianisation du pays se sont en effet réalisés dans la marginalisation, tantôt délibérée, tantôt involontaire, en partie réussie et en partie avortée, du fait français (de même que du fait autochtone et du fait métis).

Cela dit, l'accablement des Canadiens français n'a toujours coïncidé qu'avec l'une des facettes de leur condition globale. Le groupement canadien-français n'a jamais fait du cimetière, ni du presbytère d'ailleurs, le lieu de son élévation. Il a plutôt résisté en sachant se déployer dans certains espaces politiques créés par les ambiguïtés mêmes de l'expérience historique canadienne. Quant à la collectivité franco-québécoise, elle a toujours existé en exploitant à son avantage les données et les opportunités propres à son milieu immédiat et lointain. Construisant son identité dans un environnement complexe et changeant, orientant son devenir à partir des pôles complémentaires que constituaient le Nord (l'utopie de la refondation), le Sud (les États-Unis), l'Est (l'Europe) et l'Ouest (le Canada), elle s'est bâtie et a globalement avancé dans le cadre d'une dynamique plurielle et polyvalente — « polygame » serait un terme cru mais peut-être acceptable — que l'on prend pour de l'hésitation, du cafouillage ou de la désorientation, mais qui n'a toujours été que l'expression d'une sagesse prudente propre aux petits ensembles — une donnée ineffaçable pour le Québec français dans le contexte atlantique et nord-américain.

Pour penser l'expérience historique québécoise dans ses figures impensables, ou tout au moins impensées, nous disposons d'un très grand nombre d'éléments et de données empiriques. Ce qui manque, c'est la problématique, le système conceptuel, l'épistémè permettant de réaliser cette entreprise de « renarration » du grand récit collectif et, par conséquent, de refondation de la conscience historique du groupe, de manière que passe le passé et que l'avenir appartienne effectivement aux descendants en position de reconnaissance *et* de distance par rapport à leurs prédécesseurs.

En clair, les régiments de chercheurs — historiens, sociologues, politologues, etc. — qui, depuis un bon moment déjà, mettent au jour la factualité du passé québécois, ont fait un travail gigantesque de collecte de données et de ramassis d'artefacts. En plusieurs cas, ils ont débouché sur des micro-interprétations n'allant pas dans le sens du grand récit accrédité de l'histoire collective des Québécois. Mais les auteurs qui, dans des textes canoniques, ont condensé cette matière et donné à ce grand récit ses formes synthétiques successives, la *Genèse de la société québécoise* de Fernand Dumont étant le dernier en date de ces textes référentiels, ont toujours repris, voire renforcé, la trame principale du récit plutôt qu'ils ne l'ont décisivement amendée. Ce récit est et demeure, dans ses axes structurants et structurels, celui du projet brisé du Canada français et du Québec.

Le fait que l'on présente maintenant la formation sociale québécoise sous l'angle d'une « collectivité neuve » ayant historiquement bâti son américanité dans un mouvement général en quatre temps de rupture avec l'ancien monde, de recommencement, d'appropriation et d'émancipation (malheureusement partielle), ne change rien à l'affaire ni à l'histoire. Ce modèle reste au fond une thèse de refondation collective. Une thèse s'accordant certes avec le nouveau « paradigme » de la « nation québécoise » — une nation d'émergence et non pas de survivance, une nation arc-boutée à un projet social affranchi de l'ethnicité, une nation assumant son hétérogénéité constitutive et préconisant un idéal civique sans pour autant renier son passé —, mais une thèse ne rompant pas avec la mélancolie larvée de la tradition intellectuelle québécoise et ne résolvant pas à notre avis la question complexe d'articuler, dans le cas précis du Québec, le souvenir au devenir.

Selon les partisans de cette thèse, l'émancipation salutaire du groupement, dont on ne doute pas qu'elle advienne tôt ou tard, reste en effet — on revient ici au cercle vicieux de l'identitaire québécois — hypothéquée par la refondation inachevée du collectif, refondation elle-même sapée par l'inaltérable et autodestructive ambivalence d'êtres des Québécois, d'une part, et par l'incompréhension ou la mauvaise foi dont font preuve certains acteurs, la plupart étant non francophones, qui n'ont de cesse de continuellement remettre en cause la légitimité du projet du Québec, d'autre part. Quelles qu'aient été, quelles que soient les réalisations individuelles et collectives des Québécois, hier, avant-hier et aujourd'hui encore, cette culture, cette nation est, bon gré mal gré, envisagée comme étant empêchée d'advenir et de réaliser son potentiel, c'est-à-dire de se transcender dans une espèce de délivrance qui lui permettrait enfin de s'accomplir. Toujours en lutte pour la souveraineté, la nation québécoise reste en quête de son acte fondateur. Rarement l'ambivalence d'êtres des Québécois n'est perçue comme une coordonnée positive de la culture du groupe, un signalement, une signature, voire un lieu-d'être qui lui soit particulier dans l'universalité des cultures. Jamais l'ambivalence d'êtres des Québécois n'est envisagée comme la manifestation d'une identité pleine et émancipée. Pour la plupart des auteurs, ce statut d'ambivalence est au contraire apparenté à un hors-lieu, voire à un non-lieu culturel, expression d'aliénation en puissance et de faillite plutôt que marque de lucidité et de liberté.

Il existe, chez nombre de penseurs québécois cachant mal leur inspiration hégélienne, un millénarisme sous-jacent à leurs thèses qui obscurcit et confond la réflexion collective touchant à l'avenir du groupe bien plus qu'il ne l'éclaire et ne l'informe. Comme si le groupe était doté d'une mission historique et qu'il devait tendre vers un état d'accomplissement s'accordant avec quelque doctrine touchant à l'émancipation des peuples. Comme si le dilemme fondamental, incontournable et indépassable dessinant et dominant l'horizon du collectif était de trancher sèchement, sans compromis, l'alternative d'être *ou* de ne pas être québécois.

Ce millénarisme, qui tient de la conviction et non pas de la vérification, découle d'une compréhension fort étroite de ce que fut l'expérience historique québécoise — un parcours semé d'embûches, dit-on — et d'une mauvaise évaluation du legs transmis par les ancêtres — une dot de douleur fondant une dette de sens ne laissant apparemment aucune possibilité aux héritiers de se représenter leur condition. Il tient aussi à la difficulté d'assumer l'option réputée paradoxale qui marque l'expérience historique québécoise et qui tient lieu d'horizon d'attente pour la majorité des membres du groupe : celle d'être *et* de ne pas être québécois en même temps, la synthèse de cette condition s'exprimant dans l'attentisme et l'opportunisme pragmatiques dont fait preuve le groupe depuis le début de son histoire.

Si le défi que voulaient auparavant relever les grands intellectuels québécois était de reconduire la collectivité le plus loin possible vers une origine mythique, celui qui semble maintenant animer les penseurs les plus entendus du groupe est de conduire cette collectivité le plus loin possible vers un avenir utopique — en rappelant toutefois aux descendants l'obligation que commande l'héritage reçu des anciens, un héritage comportant aussi, apparemment, un devoir de mémoire.

C'est à cette dialectique bienheureuse entre le rappel du passé et la construction de l'avenir qu'appelait entre autres Fernand Dumont lorsque, en finale de son ouvrage-phare[11], il suggérait à ses compatriotes de raccorder ce que la survivance avait dissocié, de réconcilier la communauté nationale avec un grand projet politique et de joindre enfin le courage de la liberté à la patience obstinée de jadis.

De la difficulté d'« impenser » son (petit) pays

En fait, la difficulté de penser autrement que sur le mode de l'empêchement le long itinéraire des Québécois ne tient pas à des contraintes objectives, par exemple à la nécessité de respecter intégralement le déroulement du passé, mais elle découle surtout d'enjeux politiques. La fierté québécoise étant faite d'aliénation, pour une bonne part, et le récit des péripéties du groupe se voulant résistance d'abord, cesser de souffrir et de se dresser, c'est, *nolens volens,* cesser d'exister. Comme si sortir de cette conscience tragique était, pour les Québécois, une façon de liquider le passé et de grever l'avenir.

Or, cette équation identitaire fondatrice n'est pas sans influencer, directement ou subtilement, bien des intellectuels d'ici dans leur façon d'énoncer leur pensée et de construire le(ur)s connaissances.

En disant cela, il ne s'agit pas de prétendre que l'intelligentsia québécoise, dopée par les émanations enivrantes du *cannabis quebecensis,* a vendu son âme au Prince contre une place éventuelle dans l'agora des conseillers du Puissant. Nous récusons pareille plati-tude explicative. La question du rapport entre le savant et la Cité est beaucoup plus complexe et subtile. Elle mérite un traitement sérieux et serein.

Disons-le clairement pour qu'il n'y ait pas de malentendu : les intellectuels québécois n'ont nullement abandonné leur vocation cri-tique ni ne se sont enfermés dans une « ethno-logique ». Cela dit, il semble que, parce qu'ils sont membres d'une communauté menacée, d'une « petite nation », dit-on couramment, plusieurs se sentent tenus, par obligation morale envers les leurs, d'inscrire leur démarche réflexive dans un espace du pensable et du « narrable » qui, s'il est franchi, risque de mettre en péril leur communauté d'appartenance, celle dans laquelle ils s'enracinent et qu'ils ont la responsabilité de por-ter. Cet argument est tout à fait recevable et nous y sommes particu-lièrement sensible.

C'est d'ailleurs en invoquant l'inéluctabilité de cet ascendant moral de la mémoire et de l'appartenance sur la méthode, de la construction éthique de la Cité sur la connaissance dilettante, que Fer-nand Dumont, pour sa part, laissait sous-entendre que, en tant qu'in-tellectuel vivant au Québec, il n'avait pas d'autre possibilité que d'être nationaliste[12], c'est-à-dire qu'il avait le devoir impérieux de penser la nation (québécoise et canadienne-française) en même temps qu'il en épousait les enjeux ou, ce qui est une autre façon de dire la même chose, qu'il lui fallait traduire, dans ses catégories analytiques et inter-prétatives, les conditions mêmes de l'existence et de l'espoir de cette nation (ou de cette culture)[13].

Pour Dumont, sa propre distance critique en tant qu'intellectuel moderne se voyait en quelque sorte interpellée par le rapport moral complice qu'il devait établir et entretenir avec les siens, rapport néces-saire à l'émergence, chez le peuple, d'une conscience historique elle-même indispensable à la recréation de la culture, lieu d'être et d'ap-partenance d'hommes concrets désireux d'accéder à la transcendance universelle contre la rationalité instrumentale des pouvoirs, l'abstrac-tion de l'histoire et les idéologies de la banalité. En conceptualisant ses objets, en bâtissant ses thèses, Dumont estimait que, en tant qu'in-tellectuel québécois, il ne pouvait faire autrement que de réfléchir *à partir* du Québec et non pas *sur* cette culture ou *sur* ce lieu[14]. La pensée en exil était à ses yeux l'expression d'une disjonction déplorable entre la vérité et la pertinence, la manifestation d'un oubli regrettable de la mémoire des origines, ce qu'il avait mal d'accepter.

En dépit de son caractère compréhensible et tout en reconnaissant les intentions proprement humanistes de Dumont dans l'énonciation et la justification de sa thèse, il nous est difficile d'adhérer gratuitement à cette position qui suppose une certaine abnégation de l'esprit au nom de l'urgence et de la nécessité, pour une culture, de survivre dans la possibilité d'une conscience d'elle-même en vue d'un dépassement de sa condition. Nous persistons à croire, naïvement peut-être, que le rôle de l'intellectuel, par rapport à ceux dont il a le devoir moral d'éclairer le processus réflexif et d'ouvrir l'avenir — au sens de défricher les horizons —, est de se situer dans une relation de reconnaissance *et* de distance en réinjectant continuellement de la complexité et de la nuance, donc du doute et du questionnement, semailles d'égarement s'il en est, là où le sens commun, alimenté par les discours partisans parfois confondus avec la tonalité objective du monde, ne répandent qu'un amas d'opinions préconçues déguisées en certitudes.

Évidemment, cette position n'est pas elle-même sans poser son ordre de problèmes moraux, notamment en ce qui touche aux conditions de la transcendance effective des (petites) cultures[15]. Comment en effet se soustraire aux sirènes de l'appartenance, « déthématiser » le cas échéant les figures d'un groupe, sans par ailleurs nier sa responsabilité, en tant qu'intellectuel, de contribuer à l'édification d'une conscience collective qui soit réconfortante et libératrice pour les siens ?

Préciser comment l'exercice réflexif et l'acte narratif de l'intellectuel peuvent être (ou doivent être) en même temps reconnaissance *et* distance par rapport à un groupe n'est certes pas simple. Il s'agit d'une tâche sérieuse et complexe qui appelle beaucoup de circonspection, de bonne foi et de volonté dialogique chez ceux qui s'y commettent. Elle ne peut être menée sur le mode du détachement de soi par rapport à une question vidée de ses implications éthiques et morales.

Un problème politique réel

Pourquoi, de manière générale, les grands intellectuels québécois et leurs cohortes d'épigones ne parviennent-ils pas à dépasser l'horizon d'une certaine façon d'envisager et de re(con)stituer l'histoire du groupe ?

Évitons de barboter dans le ragot ou la mesquinerie en associant cette incapacité à quelque parti pris politique de bas étage de la part des clercs. La question du mode d'attachement de l'intellectuel à sa Cité, qui n'est autre que celle du processus de réflexivité et de narration supposé par l'appartenance de l'interprétant à une culture, est beaucoup plus complexe et sérieuse.

Nous entendons l'exposer dans toute sa nudité — provocante, émouvante et torturante — à partir d'un passage tiré du recueil d'essais plus haut cité de Serge Cantin. Dans l'un des textes formant l'ouvrage[16], l'auteur écrit :

> En septembre 1983, je quittais le Québec pour la France. Non pas comme les fois d'avant pour aller me baguenauder d'un côté ou de l'autre de l'Hexagone, mais en vue de poursuivre mes études de philosophie à Montpellier. Quelques jours avant mon départ, j'eus la joie de recevoir une lettre de Fernand Dumont dans laquelle, en réponse à une remarque plutôt désabusée que je lui avais faite peu de temps avant sur notre pays « sans bon sens », j'étais, fort courtoisement, repris et rappelé à ma responsabilité :

Et Cantin de citer un passage de la lettre de Dumont :

> Ce pays qui n'est pas « sans bon sens », vous aurez à le porter comme on porte un enfant dans ses bras, en tenant la tête haute. Dites-vous bien que, malgré les misères qui nous entourent, vous n'êtes pas le seul [...]. Il vous manque peut-être, aux uns et aux autres, une certaine complicité. Créer cette complicité, cette solidarité, ce sera l'une de vos tâches au retour...

Il faut lire et relire ces citations, s'imprégner de la détresse de l'« héritier » (Cantin) et de la réponse du « père » (Dumont), pour saisir l'importance des enjeux du problème qui est, d'abord et avant tout, celui de la responsabilité de l'intellectuel dans le cas précis des « petites nations » ou des cultures en situation de précarité, comme cela est apparemment le cas pour le Québec.

À la question implicite de Cantin (que je reformule dans mes mots)[17] : comment, en tant qu'intellectuel, puis-je me comporter devant ce pays « sans bon sens » qu'est le Québec, un pays dont le sens m'échappe, que je n'arrive pas à cerner, qui ne se laisse pas cerner, ou qui ne se laisse cerner que dans l'ambivalence de son être, une figure qui m'exaspère et que je ne sais pas porter, Dumont offre une réponse assurée, réfléchie, univoque. Son propos, comme à l'accoutumée, est profond et engagé. Il est surtout fort de sous-entendus et de conséquences.

La charge qu'il place sur les épaules de Cantin, incarnant ici l'intellectuel québécois, est immense. Si l'on comprend bien, Dumont rappelle résolument à Cantin, en lui disant que « ce pays n'est pas sans bon sens », que ce pays possède un sens, que ce pays peut être tout à fait pensé comme ayant un sens. Mais ce pays ne peut pas être pensé n'importe comment parce que le sens d'un pays, et de ce pays en particulier, n'est pas inépuisable, et parce que la frontière entre le pensable et l'impensable, donc entre le sensé et l'insensé, est ténue, semblable à celle qui sépare la vie de la mort. En clair, faute d'être pensé comme il a besoin de l'être, ce pays court le risque d'être mal pensé, voire impensé, et ainsi de devenir impensable, c'est-à-dire insensé, et de disparaître.

Pour Dumont, il n'y a en somme pas d'alternative, ni pour l'interprétant du pays ni pour l'interprétation à donner au pays. Ce pays, le Québec, a besoin d'être pensé par l'intellectuel québécois suivant la métaphore de l'enfant que l'on porte dans ses bras : comme un être, donc, fragile et inachevé qui demande et exige protection ; comme un être qui, n'arrivant pas encore à s'exprimer par lui-même[18] ni à trouver le chemin de sa transcendance dans une certaine continuité par rapport à ce qu'il fut, doit être mis en récit, donc en sens et sur la voie d'un idéal respectueux de l'héritage, par celui qui le porte et le soutient, à savoir l'intellectuel[19].

Par rapport à son pays vu comme un enfant, l'intellectuel se retrouve donc dans une position obligée de complicité et de solidarité, c'est-à-dire de fidélité. Plus encore, selon Dumont, l'intellectuel doit porter fièrement son pays comme on tient un enfant, en gardant la tête bien haute. En clair, l'intellectuel n'a pas à regarder le « petit » qu'il porte. Sa fonction est d'amour ; et, dans cet amour pour son pays comme enfant, s'évanouissent toutes les dispositions critiques du « père ». Ou plutôt non, elles ne disparaissent pas complètement. Cette critique est possible, mais elle a nécessairement pour but et enjeu l'éducation, l'élévation, le grandissement du pays pour en faire un « adulte » sensible aux exigences de la tradition et de la transmission, c'est-à-dire aux obligations de l'héritage et à celles entraînées par la bonne fortune de la descendance[20]. Le cas échéant, la semonce tutélaire, pleine de compassion mais sans complaisance, résolument ancrée dans un idéal, une vision et une utopie positifs et libérateurs, verra à rappeler au pays vu comme un enfant qu'il s'égare dans la platitude des petits intérêts immédiats, qu'il emprunte le mauvais chemin ou le plus long, ou qu'il ne progresse plus dans le sens attendu, selon son potentiel d'accomplissement et de transcendance. En aucun cas la critique ne deviendra autocritique, c'est-à-dire remise en cause des fondements mémoriels et utopiques du pays — ce qui serait « impenser » le pays. De toute évidence, il y a des limites à ce que l'on peut lire dans la mémoire et l'utopie d'un pays.

Dans la perspective dumontienne, l'intellectuel a donc, dans le cas des « petites nations » tout au moins, pour mission de réassurer, d'entourer et de protéger son pays et les siens comme un père aime son enfant. Il doit les amener à se connaître et surtout à se reconnaître, c'est-à-dire à retrouver en tout temps ces *figures* par lesquelles ils ont besoin de se penser au risque d'« inexister ». L'intellectuel est, par rapport aux siens, le porteur de l'héritage et l'opérateur de la transmission. Il est dans la position du père qui tient le miroir dans lequel son petit arrive à se découvrir[21]. L'intellectuel, pour Dumont, n'est pas dans l'inconscient (dans le hors-lieu), mais dans la conscience (dans le lieu). Il est le pivot d'une recherche de sens où l'homme, loin de s'abandonner aux forces obscures de son être, essaie de les faire passer à la conscience. Chez Dumont, l'intellectuel, comme le poète *et* en tant que poète, conduit l'être à sa propre existence, c'est-à-dire à sa transcendance[22]. Sa responsabilité est infiniment grande. Il ne peut s'en décharger malgré l'énormité de la tâche et l'angoisse qu'il doit subir. Entendons s'exprimer l'inquiétude du poète à cet égard :

> Moi qui suis de l'autre côté des mots
> C'est à perdre haleine qu'il faudrait dire
> L'envers du monde
> Dire l'impitoyable silence
> De ceux qui de leurs pâles sourires
> M'ont rejeté vers la parole[23]

Dire le pays, dire les siens : tel est, tel serait l'incontournable mandat de l'intellectuel québécois.

Faut-il conclure que, à défaut d'un « père », c'est-à-dire d'un collectif d'intellectuels décrivant l'image du pays en la rapportant aux traits qui apparaissent dans le miroir, le pays ne peut pas être ? Dumont le postule assurément, tout au moins pour le Québec. Dans ce cas, le devoir de l'intellectuel québécois serait d'incarner à la face du monde l'image présumée de ce pays qu'il tient dans ses bras comme un enfant et envers lequel il a responsabilité d'amour. Nous disons « image présumée » parce que l'intellectuel, suivant la métaphore employée par Dumont, ne regarde pas l'enfant qu'il porte : il le soutient fièrement, la tête haute. Nous disons « image présumée » parce que cette image ne coïncide peut-être pas avec la réalité complexe de l'être du petit.

Il est à se demander, d'ailleurs, si l'intellectuel peut se poser cette question de la ressemblance de l'enfant avec son image. Sur un plan théorique, sans aucun doute. Mais en pratique l'exercice est peut-être impossible ou impensable, car, au fond, l'intellectuel et le pays appartiennent au même lieu. Avec le peuple, ils forment une poétique collective qui est la culture s'exprimant. Si le pays est enfant de l'intellectuel, celui-ci, à son tour, est enfant de ce pays. Ses questionnements s'enracinent dans ce pays — car l'intellectuel parle d'un lieu — et il y sème ses réponses — de manière à universaliser le lieu de son enracinement, c'est-à-dire à s'accomplir comme intellectuel et, en même temps, à poser les conditions de la transcendance du peuple et de la culture.

Entre l'intellectuel, le peuple, le lieu et la culture, il existe donc une unicité d'être, d'expression et de possibilité de transcendance qui advient ou qui échoue. En clair, si l'intellectuel se refuse à construire la connaissance rendant possible l'existence et la transcendance du peuple, du lieu et de la culture dont il est l'interface langagière, parce que « les mots sont la chair de la chair », dit Dumont, il disparaît dans le vide qu'il a malheureusement conceptualisé, comme aspiré dans un espace sans horizon (distance) et sans racine (mémoire). Car la connaissance n'est pas une entreprise idéaliste ni abstraite. Elle est l'une des matières premières permettant d'édifier le lieu de l'homme comme distance (horizon) et mémoire (racine). Construire une connaissance « inappropriée » du point de vue des conditions nécessaires à l'élévation du lieu de l'homme (par exemple construire un savoir délié des impératifs de transcendance du Québec comme culture), c'est fabriquer de l'antimatière, c'est ouvrir le néant comme perspective. Une finalité, avouons-le, difficilement acceptable, car potentiellement destructrice d'espoir, c'est-à-dire annihilant virtuellement le lieu, le lien et le groupe.

« L'authenticité de la Cité politique est le souci de l'intellectuel », aimait à rappeler Dumont. C'est dire que l'intellectuel ne peut se résigner à une vocation d'expert ou de bureaucrate. Il se réalise pleinement et précisément dans la mesure où il passe d'un lieu où il ne fait valoir que ses compétences techniques, soit l'univers du savoir, à un (sur)lieu — l'expression est la mienne — où il intervient à titre de membre participant, soit la communauté de destin. Or ce passage, selon Dumont, « dépend d'une médiation à caractère éthique et d'un ensemble de convictions : que la vérité n'est pas réductible à la vérification et qu'elle se profile sur un horizon de valeurs ; que les problèmes [posés et définis] font appel à l'engagement autant qu'à l'analyse ; que pour juger [de ces problèmes et de cette vérité], la communauté humaine est convoquée et pas seulement les initiés. [...] Car, ajoute Dumont, la Cité [politique] est à la fois une réalité et un idéal ; elle a nécessairement des couleurs utopiques. Elle est l'instauration, toujours compromise, d'une communauté de destins parmi les aléas de l'histoire et les contradictions des factions[24]. En clair, c'est le développement et la continuation du lien concret entre tous les hommes qui constitue la mission, l'ambassade de l'intellectuel. La science n'est pas un divertissement d'amateur, elle est une tâche sociale qui a pour finalité ultime l'avènement d'une société éthique dont les deux requêtes principales sont celle de la qualité de la citoyenneté et celle de l'exercice de la solidarité[25]. « Que nous importerait une société sans projet que des citoyens puissent partager ? » demandait Dumont. « Que serait une société sans désir de transcendance ? » ajoutait-il. Et, répondant à sa propre interrogation, il écrivait :

> C'est grâce à la culture que l'humanité se déprend de la répétition mono-tone à laquelle est vouée la condition animale, qu'elle s'inscrit dans une histoire où ses actions se prêtent à une accumulation des œuvres et à un surplomb du devenir. La culture est donc un héritage. Voilà pourquoi elle pose, comme enjeu primordial, le problème de la mémoire[26].

Or, pour Dumont, c'est précisément au cœur de cette mémoire, dans cette position obligée et responsable de surplomb, que se situe l'intellectuel ou que l'on devrait l'y trouver.

> La vérité ne se juge pas uniquement par la méthode qui y mène mais aussi par les appartenances et les solidarités de celui qui la poursuit, écrivait-il. La vérité est la montée vers l'universel de la Raison, c'est entendu ; c'est aussi l'expression de la situation et des enracinements singuliers de ceux qui s'y vouent et de ceux à qui elle est destinée[27].

Entretenir l'héritage de la mémoire et alimenter l'utopie de la culture : tel était, pour le grand sociologue de l'Université Laval, le rôle fondamental de l'intellectuel.

On conçoit facilement, dans cette perspective, que penser l'expérience québécoise dans ses figures impensables, par exemple sous l'angle de l'ambivalence d'êtres, peut être délicat, au regard tout au moins d'une certaine façon de raccorder le passé et l'avenir dans une narration qui soit jugée émancipatrice et libératrice pour le groupe. Établir un rapport fécond entre le souvenir et le devenir reste d'ailleurs l'un des plus grands défis auxquels on puisse s'attaquer. Comment s'assurer en effet que la collectivité chemine vers une certaine trans-cendance de destin, vers un certain idéal d'être, vers une terre promise ou prometteuse, si le souvenir qui lui est proposé et qu'elle garde d'elle-même veut qu'elle ait trouvé son bonheur pragmatique dans l'amphibologie, dans l'équivoque et dans l'ambiguïté d'êtres — ce que traduisent possiblement toutes les marques d'aliénation dont on estime amèrement investie, par dépit devant la banalité du genre humain, par méprise devant ce que l'on juge de haut ou par excès d'espérance en l'homme, la culture québécoise ?

De la même façon, comment est-il possible pour l'intellectuel d'impenser son pays, c'est-à-dire, en critiquant, voire en défaisant ses « thématiques » historiales, mémorielles et référentielles, de l'ébranler peut-être dans ses fondements identitaires et de l'aimer en même temps, c'est-à-dire en lui offrant une représentation globale et sensée de lui-même, de lui donner *eo ipso* les moyens d'avancer ?

À cette question, Dumont, Cantin et combien d'autres n'ont vu sincèrement, et ne voient toujours, qu'une seule réponse acceptable. Pour eux, la position la plus justifiée veut que l'intellectuel crée les conditions de l'avènement du monde commun et de l'identité sur un mode réaliste et en rapport avec l'héritage, c'est-à-dire à l'échelle des cultures. Or, dans le cas spécifique du Québec, ce souci ne peut effectivement se réaliser que d'une manière privilégiée, soit en portant le pays comme on tient un enfant dans ses bras, la tête bien haute et fier des potentialités de sa descendance.

Il y aurait donc, chez l'intellectuel québécois, obligation nationaliste pour réconcilier ses engagements simultanés à l'égard de la Cité du savoir et de la Cité politique. Ce nationalisme ne serait évidemment pas, dans ce contexte précis, l'expression d'une connivence sectaire. Il participerait plutôt d'une éthique de la transcendance du groupement. Ce nationalisme serait au fond un acte de dissidence contre la perte des raisons communes. Il serait de même responsabilité des héritiers envers les ancêtres et la descendance, soit ferment de continuité dans le tourbillon du changement amnésique, éphémère et aliénant. Ce passage, tiré de l'ouvrage de Cantin et que nous avons cité précédemment, est sans équivoque à cet égard :

À la limite, je dirais qu'au Québec on ne choisit pas d'être nationaliste : on l'est par nécessité, celle que commande l'avenir de soi d'une nation à laquelle on se sait appartenir et dont on se reconnaît débiteur, nation qu'il faut être aveugle ou de mauvaise foi pour prétendre qu'elle n'est pas menacée. Nationaliste, on l'est donc aussi, n'ayons pas peur du mot, par devoir : celui que les morts imposent aux vivants de se « réapproprier quelque chose de ce qu'ils ont senti afin de rendre un peu intelligible ce qu'ils ont vécu », selon la belle formule de Fernand Dumont[28].

N'y a-t-il pas d'autre option ? N'existe-t-il pas, pour l'intellectuel d'ici, une solution à ce dilemme d'aimer son pays et de poursuivre néanmoins une quête savante animée par le doute méthodique et le soupçon critique devant les utopies, acceptant de décrire le pays comme il est, dans son confort et son indifférence, sans désillusion devant ce contentement et ce consentement tranquille, sans naïve espérance que cette condition sera tout à coup changée, sans attente idéaliste d'une mutation salutaire et d'une délivrance salvatrice ? Est-ce là perspective trop pragmatiste, trop platement empirique ? Est-ce là projet sans couleurs, sans aura ? Est-ce là, à terme, défaite de la culture et déchéance de la Cité ? Est-ce là abdication de la pensée devant la réalité, victoire de la structure contre l'œuvre d'art ? Est-ce là délégitimation du sens et pulvérisation des possibles ? Est-ce là, tout bonnement, horizon suicidaire pour le groupe ?

N'existe-il pas une façon de conceptualiser et de raconter l'expérience québécoise qui fasse que ni le passé ni l'avenir du groupe ne soient sublimés dans une espèce de poétique collective, belle mais abstraite, *et* que la possibilité d'une avancée de l'entité ne soit pas non plus hypothéquée ? En d'autres termes, comment un récit peut-il être « pour un groupe », c'est-à-dire favorable à son élévation, sans par ailleurs trahir ses propres exigences de liberté comme récit ?

Explorer d'autres voies

Il est à notre avis deux options qui méritent d'être explorées pour discuter du mode de reconnaissance *et* de distance devant marquer le rapport réflexif et narratif de l'intellectuel à sa culture.

La première option tient pour acquis que, dans le cas du Québec tout au moins, il est particulièrement difficile à l'intellectuel de ne pas pratiquer un quelconque devoir civique de mémoire, donc de « renarration » *acceptable* du pays, en même temps qu'il exerce sa fonction réflexive et produit des connaissances. Cette position m'est agréable à une seule et importante condition, soit que l'exercice mémo-réflexif débouche sur une narration tout entière vouée à l'objectif de « se souvenir d'où l'on s'en va ».

Selon cette logique, l'exercice mémo-réflexif ne vise pas à continuellement ramener le pays vers son point d'origine, à le décrire sous ses traits invariables, à l'animer dans ses figures indispensables, à l'embrigader dans un héritage ancestral, à lui insuffler une destinée conséquente, bref à l'emprisonner dans un éternel défi, soit d'être ce qu'il doit être conformément à ce qu'il a été ou ce que l'on voudrait qu'il soit. Comme si l'expérience historique québécoise, dans ce qu'elle fut effectivement et reste encore, n'avait consisté qu'en une longue genèse de dénaturation.

Amener le pays et les siens à se souvenir d'où ils s'en vont, c'est leur rappeler qu'ils ne se sont pas construits dans le sillage d'une téléologie déterminante, mais dans les circonstances et les contingences du moment ; que leur avenir reste tout aussi ouvert que le fut leur passé ; que leur donne est marquée par la complexité et la difficulté d'être et non par la simplicité et l'habitude de perdurer comme ancêtres de demain ; que leur horizon est affaire de choix à exercer et non pas de salut à gagner ni de testament à respecter. Se souvenir d'où l'on s'en va, comme embrayeur narratif, c'est se donner les moyens de se détacher d'un héritage intellectuel qui met la mémoire au commencement de la méthode sans par ailleurs cesser d'envisager la culture comme mémoire, fort du postulat voulant que les descendants doivent, pour survivre, se situer dans un rapport de reconnaissance et de distance, de continuité et de rupture, de respect et de critique, avec les ancêtres.

Il existe une seconde option permettant d'éviter le glissement, parfois l'impasse où se trouve placé l'intellectuel à qui la situation recommande d'aimer son pays comme un enfant. C'est de refuser cette métaphore en considérant qu'elle procède d'une erreur de diagnostic ; que le Québec, par exemple, n'est pas inachevé et ne s'apparente pas à un enfant qui tarde à devenir adulte et qui rejette les responsabilités qui lui incombent; que le lieu d'êtres historique des Québécois est précisément l'ambivalence; que cette ambivalence est la caractéristique principale et originale de leur parcours; et que de continuer à la porter n'est pas une trahison des ancêtres ni l'expression d'une hésitation aliénante ou d'une pitoyable « fausse conscience de soi », mais un rapatriement de la sagesse réflexive des anciens dans la perspective de la construction d'un présent et d'un avenir définis suivant la ligne du risque calculé, c'est-à-dire de la raison sensible. À moins de s'abuser, on retoue ici aussi, implicitement, l'idée exprimée plus haut, soit de se souvenir d'où l'on s'en va.

Cette coïncidence n'est pas un hasard. Se souvenir d'où l'on s'en va est peut-être la seule façon, pour l'individu comme pour les collectivités, de se doter d'une conscience historique active, c'est-à-dire de *devenir* en étant libéré des servitudes du passé et tout en aimant les ancêtres.

Amener les Québécois à se souvenir d'où ils s'en vont est peut-être, pour l'intellectuel d'ici, la seule possibilité de penser les figures de l'impensable condition québécoise en sortant d'une épistémè de la misère et de la mélancolie, sans pour autant cesser d'aimer le pays et les siens, mais en articulant décisivement leur devenir, c'est-à-dire leur conscience historique et leur recherche d'avancement, dans une idée autrement pensée et énoncée de la culture et du lieu, c'est-à-dire de la « nation ». Car ne nous y trompons pas : c'est dans l'invention d'un nouveau rapport à la culture, comme mémoire et comme horizon, que sera tôt ou tard redéfinie l'identité québécoise.

Quoi transmettre ?

Passer à l'avenir

Au terme de ce livre, il faut bien nous attaquer, de front cette fois, à la question qui s'est profilée tout au long des articles précédents et à laquelle nous n'avons guère apporté que des bribes de réponse : quels mots utiliser pour rendre l'expérience historique québécoise ? Comment offrir cette expérience en partage et en héritage à ceux qui restent ?

Rendre et offrir : les deux finalités de l'acte interprétatif

On remarquera tout de suite la difficulté inhérente à ce genre d'interrogation : comment *rendre* et *offrir* une expérience historique ?, laquelle exprime parfaitement bien le défi de l'acte interprétatif. Cet acte, en effet, ne suppose pas ni même n'appelle, de la part du narrateur, un rapport seulement empirique, méthodique ou technique à ce qui fut. Il implique dès le départ, chez l'interprétant, un engagement moral envers la suite du monde et de l'humanité de même qu'envers les ancêtres et les descendants.

Précisons rapidement nos vues à ce sujet.

Par « rendre » une expérience historique, nous entendons ici traduire, c'est-à-dire accepter, accueillir, assimiler, apprivoiser, s'appro-
prier, comprendre, penser et, au terme de cette démarche réflexive,
faire devenir, dans l'acte interprétatif et par lui, une factualité complexe, riche de possibilités narratives, qui appelle et attend tout à la fois
ses tonalités et ses modulations, ses nuances et ses sonorités, ses atmo-
sphères et ses élans, bref ses sens, ceux qu'elle contient et qui lui seront
redonnés, et ceux qui peuvent lui être prêtés sans trahir son fond(s).

Rendre n'est pas restituer sèchement, littéralement ou mécanique-
ment ce qui se donne à lire ou à observer. Pareille attitude serait
en effet offensante pour l'auteur initial d'un texte ou pour les acteurs
originels d'un épisode historique. Semblable conduite serait tout
autant honteuse pour les traducteurs de ce texte ou de cet épisode. Le
traducteur qu'est fondamentalement l'historien doit en effet se faire
révélateur et revivificateur. Il ne peut se glorifier du rôle d'accoucheur
prosaïque. Imaginerait-on un interprète de Brahms qui se contente-
rait de jouer, l'une après l'autre et sans médi(t)ation interprétative, les
notes figurant sur une partition du célèbre compositeur ? Non seulement la musicalité et l'esthétique générale de la pièce, qui sous-
tendent et surplombent la succession empirique des notes, seraient
bafouées, mais le potentiel et les ressources de cette pièce, imaginés en
partie seulement par son auteur, resteraient inexploités, comme des
talents non cultivés. Tout le défi de la traduction, comme de la mise
en histoire d'ailleurs, consiste, par l'usage de mots et de formulations
justes, à dégager et à dévoiler en même temps le mouvement et l'effet
contenus dans une matière originelle, fût-elle d'ordre textuel ou factuel. « La mission de l'art, disait André Breton, n'est pas de copier la
nature, mais de l'exprimer. » Ce devoir d'expression est précisément
au cœur du *travail* de l'historien-traducteur. Celui-ci, en effet, a un
rôle actif et dynamique de (re)création de l'objet de sa quête. Sa
démarche doit être inspirée par une éthique de la réparation (que l'on
distinguera d'une mystique de la rédemption). L'exégète, on l'oublie
souvent, féconde par ses savoirs, par ses intuitions, par ses mots et par
ses interprétations les textes qu'il ne cesse d'étudier et avec lesquels il
n'a pas fatigue de dialoguer et de négocier. L'exégète éveille à elle-
même, et réveille par conséquent, l'œuvre qu'il approfondit, qu'il pro-

longe donc et qu'il n'a surtout pas pour vocation d'immobiliser. À vrai dire, l'exégète ne peut pas abdiquer devant la responsabilité qu'il a de maintenir une tension intellectuelle créatrice avec l'œuvre sur laquelle il se penche. Son génie réside précisément dans sa capacité à se détourner de la source de son attirance et, dans le même mouvement interprétatif, à s'épuiser inépuisablement dans cette source sans pouvoir clore le potentiel de questionnement, d'ouverture et de possibilités qu'elle recèle, et sans chercher à le faire non plus.

Rendre ce qui fut, exprimer et traduire la vivacité du passé par des mots qui soient également vivants, est un art difficile. Il ne s'agit pourtant que d'une facette de l'acte interprétatif et donc du travail de l'historien. Encore faut-il transmettre ce passé sous la forme d'un héritage. À défaut de cette transmission, il y a en effet coupure entre les contemporains et les anciens. Il y a perte difficilement réparable de sens. Il y a, en potentiel, petite ou grande déshumanisation. Il y a laminage de la disposition critique de l'homme par rapport à lui-même et sur lui-même. Il y a aussi, peut-être, dispersion de cette espèce de capital de bonté et de sagesse, d'espérance peut-être, de beauté sans doute, qui, constituée au fil du temps par l'humain réfléchissant de manière empathique et critique sur sa condition, représente le legs le plus puissant qui puisse être transféré aux descendants pour que ceux-ci, à leur tour, réalisent une partie des espoirs que l'on est en droit de placer en l'être.

Offrir n'est pas simplement donner. Ce n'est pas non plus transmettre sans attention et sans attente l'objet de sa générosité. Offrir c'est présenter, avec tout le cérémonial et la convenance nécessaires, ce qui est estimé et estimable, c'est-à-dire ce que l'on considère comme important, voire essentiel, de passer, un peu comme on passe un relais, avec l'expectative que les héritiers ou les successeurs apprécieront, préserveront et feront fructifier ce legs qui sera partie prenante de leur patrimoine. Offrir, c'est partager son bien dans l'espoir qu'il ouvrira un avenir heureux à ceux qui le reçoivent.

On comprendra qu'il est, dans ce contexte, impossible d'offrir ce qui est susceptible d'hypothéquer l'avenir. Cela serait en effet faire preuve d'irresponsabilité, voire de malveillance. En ce qui concerne le passé, on ne peut par exemple offrir en héritage un capital de ressentiment. La raison est bien simple : l'avenir culbute plutôt qu'il ne s'élève sur pareille dotation. On offrira par contre un capital de souvenirs comportant des prédispositions à la régénération, c'est-à-dire contenant des possibilités de deuil, voire de (ré)conciliation.

Il ne s'agit évidemment pas ici, comme nous l'avons souligné antérieurement, de nettoyer ou de « réduire au silence » ce qui, dans l'ayant-été, résiste à l'occasion de préparer l'avenir. Donner une image trop harmonieuse ou trop béate du passé, débarrasser celui-ci de ses horreurs, balayer les hontes qu'il contient ne ferait que mettre en danger la liberté. Il est une maxime qui dit que tout est possible en l'absence de mémoire, y compris le retour des anciens démons, même les plus ignominieux. Ce précepte est juste : taire des faits s'apparente dans certains cas à un crime par omission. En revanche, la mémoire ne doit pas non plus empêcher que de surprenants, d'impensables et d'indispensables dénouements, menés dans la conscience d'un avenir heureux pour les héritiers, deviennent ou redeviennent possibles grâce aux mots pour dire et raconter les choses. On ne peut en effet priver la dépouille du passé des regrets et des possibilités de dépassement qu'elle contient ou qu'elle est susceptible de susciter, par un ensevelissement narratif honorable, chez les descendants.

Comment dès lors, dans le contexte de ce qu'a été et de ce qu'est maintenant le Québec, penser le passé et passer à l'avenir ?

Se distancier d'une vision de soi

On l'a dit, il est courant de conceptualiser l'expérience historique québécoise par les termes, gros de douleur accumulée et à porter, de survivance, de misère à être, de parcours brisé ou détourné, de subordination à l'autre, de devenir bloqué, de défaite ou de surplace, et ainsi de suite. Ce qui paraît aller de soi, et qui est souvent répété comme une axiomatique, n'est pourtant pas sans poser problème. On peut en effet se demander si ce récit de soi, empreint d'adversité assurément, est la façon la plus juste de rendre compte de ce qui est historiquement advenu au sein de cet espace d'interaction et de réciprocité qui s'appelle, depuis un certain temps déjà, la province de Québec, espace dont le destin est incompréhensible en dehors de son inclusion dans le grand espace atlantique et nord-américain, d'une part, et de son inscription dans le processus d'extension/contraction de l'Empire britannique et de structuration d'un État moderne, à savoir le Canada, d'autre part.

Si tant est qu'un narrateur n'ait pas pour objectif de rechercher dans le passé des indices de légitimité pour le projet partisan qu'il caresse pour demain — notamment, dans le cas du Québec, celui de la refondation de ce pays sous la forme d'un « État souverain désaliéné et complètement émancipé de ses tutelles » —, la réponse à cette question est négative. Il en est ainsi non pour des raisons liées au rejet d'une option politique en particulier, celle de l'indépendance du Québec en l'occurrence, mais parce que les concepts de survivance, d'aliénation, d'empêchement, de mise en réserve ou en tutelle, etc., ne permettent pas d'englober ou de traduire la complexité et la subtilité de ce que fut l'expérience historique québécoise dans son déroulement empirique.

Le caractère insuffisant de cette vision éplorée, tragique et douloureuse du destin du Québec et de ses habitants apparaît de manière on ne peut plus nette à la lumière de l'état actuel de l'historiographie portant sur l'évolution historique de cet espace et de ses gens[1].

Depuis une vingtaine d'années, voire plus, il est en effet tout un répertoire de concepts et de notions que l'on a forgés, découverts, empruntés, recyclés, redéfinis pour exprimer et traduire les particularités du mode de développement du Québec dans le temps. Grâce à ces concepts, qui découlent tout à la fois des avancées empiriques de la recherche et d'une remise en question et en contexte de l'expérience historique québécoise, on a pu, de manière générale, sortir de cette représentation malheureuse qui, pour penser le sujet québécois dans l'universalité du monde, insiste — ou insistait — sur le caractère pénible et triste de sa condition historique[2].

À la lumière des travaux réalisés, il apparaît ainsi que les idées de déphasage et de retard, de décalage et de blocage, de repli et de focalisation sur soi, d'enclavement et d'immobilisme, de traditionalisme et de ruralité, d'homogénéité et de singularité, de cléricalisme et d'antiétatisme, de classe ethnique et de grande noirceur, sont inappropriés pour rendre compte, dans sa dynamique structurante et structurale, de l'expérience historique québécoise dans son ensemble.

Telle qu'elle s'est constituée dans le temps, la société québécoise a suivi, compte tenu des dotations particulières qui étaient les siennes de par l'histoire et la géographie, un parcours à peu près parallèle, voire apparenté à plus d'un titre, à celui des autres sociétés d'Amérique sur le plan de son évolution économique et sociale.

Certes, il ne s'agit pas de dire ici que la société québécoise ne fut pas marquée, jusque tard au XXe siècle, par d'importantes différences, visibles par tout son territoire, au chapitre des modes de production et des mondes vécus. Le développement des régions de la Côte-Sud et du Bas-Saint-Laurent, par exemple, est historiquement inassimilable à celui des espaces formant la couronne montréalaise[3]. Il n'est pas non plus question d'affirmer que la société québécoise ne fut pas traversée par de puissantes rivalités interethniques se nourrissant du mépris des uns et du ressentiment des autres. Au contraire, le caractère tumultueux, en certains cas difficile, des rapports entre francophones et anglophones — notamment — est l'un des chapitres les mieux documentés de l'histoire de la province de Québec. Enfin, s'il est des travaux qui tendent à remettre en cause, à juste titre, l'image de la province en tant que *priest ridden society*, personne n'affirmera sérieusement que l'Église catholique n'a pas joué un rôle de premier plan dans le passé québécois[4].

Cela dit, l'image qui ressort maintenant du parcours historique suivi par la collectivité québécoise n'a strictement rien à voir avec le paradigme du déphasage ou de l'anachronisme, de la *folk society* ou du manque — *a fortiori* si l'on envisage cette collectivité de manière inclusive, sans établir de distinction culturelle ou politique entre ses participants. Par ailleurs, s'il faut bien admettre que les francophones du Québec ont, de tout temps et dans leur majorité, en tant que Canadiens puis Canadiens français, essuyé les tentatives d'assimilation, d'excentration, de refoulement, de marginalisation, voire d'infériorisation, de la part du pouvoir économique et politique anglais, il n'empêche que, au total, ils ont su jouer aussi leurs cartes de manière fort habile sur le plan politique de même que, depuis une quarantaine d'années, sur le plan économique. À tel point qu'au début du XXI⁰ siècle les francophones du Québec apparaissent comme n'ayant jamais été aussi forts et assurés dans leur capacité à être au monde.

Certes, il est possible de poser ce diagnostic optimiste *après coup*, c'est-à-dire en se situant, comme interprétant, en aval de la quête d'affirmation inassouvissable menée, depuis plus de trois cents ans maintenant, par un groupement par référence devenu le cœur d'une collectivité ouverte, attirante et épanouie — ce qui ne veut pas dire sans problèmes. À cet égard, il est clair que les anciens Canadiens ne pouvaient pas imaginer que leurs luttes, leurs résistances, leurs choix, leurs manœuvres, leurs démarches, leurs compromis, leur entêtement… aboutiraient à une situation globalement favorable pour le(ur)s héritiers. Aussi est-il important de ne pas restituer l'expérience historique québécoise sous le prisme d'un récit atténuant la tension, voire les heurts qui n'ont jamais cessé de marquer les rapports entre un groupe en situation générale de domination, soit les anglophones, et un autre en situation générale d'(in)subordination, à savoir les francophones. On l'a dit et répété : il ne faut pas craindre d'affronter le passé tel qu'il fut pour ouvrir l'avenir. En même temps, compte tenu de l'état d'être actuel des Québécois, y compris la majorité de langue française, il apparaît difficile de réifier l'expérience historique québécoise à l'aune d'un répertoire de concepts balisant un itinéraire et un imaginaire de misère, d'empêchement et d'avortement. Le fait est que la collectivité québécoise, et notamment la communauté francophone — que l'on peut bien nommer « peuple » ou « nation » si l'on veut —, s'est construite en deçà et au-delà des représentations qu'ont proposées d'elle et du désenchantement qu'ont entretenu par rapport à elle ses grands intellectuels. Cette communauté s'est en effet développée non pas dans l'espace congru qui lui a été laissé par ses maîtres, mais dans la mouvance de son désir d'êtres en tirant profit des occasions qui se sont présentées à elle, occasions qu'elle a su, tout autant, créer par une pratique fort sagace des rapports de force avec et contre l'autre.

En clair — et cela apparaît comme étant l'expression d'une sagesse politique certaine —, la communauté québécoise (d'héritage canadien-français) a toujours été ouverte aux possibles qu'ouvrait l'histoire devant elle. Cela dit, elle n'a jamais cédé à l'une des éventualités absolument malheureuses de cette disponibilité, à savoir la possibilité de sa disparition par voie d'exclusion, d'excentration, de marginalisation, de « périphérisation », de « secondarisation », de réduction, de diminution ou de relégation, d'un côté, ou par voie d'intégration, d'assimilation, d'absorption, d'incorporation, d'insertion, de fusion, d'imprégnation ou de synthèse, de l'autre.

Au fond, le lieu d'êtres des Québécois francophones a toujours été le centre, ou plus précisément l'ambivalence, soit cette capacité, si ce n'est cette nécessité politique pour un groupement en situation de minorisation objective, de s'élever dans l'espace créé par la tension de composantes de sens et de portée contraires et cumulatives.

Si la Révolution française a porté son projet émancipateur en criant « Vive la France ! » et si la constitution des États-Unis a d'abord dessiné — et trace toujours — la figure du sujet collectif américain dans son « We the People », il ressort que les Franco-Québécois ont trouvé ou créé leur lieu et fondé leur projet éthico-politique dans une espèce de pragmatisme dont la formule emblématique est celle de la révolution tranquille et la pratique politique, celle de la rébellion.

Or, il est important de saisir l'importance de ces deux (p)références dans l'imaginaire et l'identitaire franco-québécois.

La révolution tranquille comme la rébellion ne sont en effet désir ni de rupture ni de détachement, ni de rejet total ni de recommencement. L'une et l'autre catégories légitiment plutôt une démarche d'opposition, de réaction, d'insubordination, parfois de soulèvement, voire d'insurrection, qui n'a pas pour finalité de bouleverser, de renverser ou de faire tabula rasa du monde, mais de rétablir, sur de nouvelles bases, un rapport de force défavorable, en situation de glissement ou bloqué.

Contrairement au révolutionnaire qui vise à abattre et à décapiter, le rebelle est en effet celui qui regimbe, qui se rebiffe, qui se cabre, qui se dresse[5]. La rébellion est une forme de résistance contre la dérive, l'embrigadement, le dérapage, l'affaissement, l'écrasement. À l'encontre de la révolution qui est renversement ou, inversement, cassure ou coupure, la rébellion est une démarche politique qui permet à un groupe de se resituer dans un lieu d'être acceptable entre des positions extrêmes ou considérées comme telles : par exemple, dans le cas des Québécois francophones (et avant eux des Canadiens et des Canadiens français), un lieu d'être se situant entre le désir de refondation et le *statu quo*, entre l'assimilation et la marginalisation, entre le foyer du Québec et de plus vastes ensembles — l'Empire, le dominion ou le Canada maintenant. La rébellion n'est pas avant tout un acte de fondation. Elle est plutôt l'expression d'un refus de trancher une fois pour toutes entre des possibilités jugées ni complètement bonnes ni complètement mauvaises — ce qui, on l'admettra, contrevient aux principes de la logique mais n'est pas incompatible, semble-t-il, avec la raison politique.

Où en sont maintenant les Québécois (francophones)? Il apparaît qu'entre un héritage à porter mais dont la dot leur pèse (le devoir de mémoire tragique) et un avenir à construire mais dont la condition présumée les importune tout autant (la « désambivalence »), ils se complaisent dans un présent confortable et rassurant, pacifique et serein, qui nourrit largement leur conscience d'être au monde.

Est-ce là un drame, l'expression d'une petite noirceur, la manifestation d'un englument, la marque, chez eux, d'une impuissance politique, d'une aliénation sublime et subliminale, d'une autohumiliation? Est-ce là le témoignage désespérant de l'insignifiance historique et de la médiocrité dorée à laquelle se destine, ou est déjà rendue, une culture prise au piège des contradictions déroutantes de sa jouissance?

La réponse est non. Il n'existe pas d'antinomie entre l'ambivalence et l'épanouissement, voire le dépassement. L'ambivalence est au contraire une intersection où il se passe des choses importantes qui appellent un travail de pensée plutôt qu'un rejet ou une dénégation. Encore faut-il, pour s'ouvrir à ce travail de pensée, sortir du pathos québécois et admettre que les grands recommencements ne sont pas toujours nécessaires pour faire advenir ce qui paraît juste et avantageux.

Se re-présenter

Il est un point de vue différent, nouveau à certains égards, que l'on peut avoir sur l'expérience historique québécoise; un point de vue largement dégagé des fondements défaitistes et mélancoliques, bilieux parfois, sur lesquels on a élevé l'identité et le projet de re(con)quête d'un groupement par référence en train de devenir une collectivité se réalisant dans l'interdépendance.

Ce point de vue est fondé sur trois catégories centrales d'ordre historique tout autant qu'identitaire : celle de la résistance, voire de l'offensive et du (re)déploiement, celle de la « position intégrative maximale » et celle de l'accomplissement dans la recherche ou le maintien d'ancrages croisés.

Il apparaît évident que la possibilité d'une telle réinterprétation de l'expérience historique québécoise appartient à la génération intellectuelle montante[6] : une génération qui n'a pas vécu, ou si peu, l'aliénation culturelle et l'infériorité économique parfois saillante des Canadiens français ; une génération qui, ayant grandi, ayant aspiré et appris à rêver avec la Révolution tranquille, s'est élevée dans un horizon de possibilités fort différent de celui qui avait marqué l'univers des prédécesseurs ; une génération qui, pouvant capitaliser sur l'héritage ancien et sur celui, notamment, des quarante dernières années, a le loisir de s'élancer dans le monde en bénéficiant d'une position et d'un rapport de force favorables avec et contre l'autre ; une génération qui, composée d'êtres nouveaux représentant l'espoir pour un monde nouveau, peut prendre acte du fait qu'une page de l'histoire peut être tournée, et ce, sans nullement se détourner ou se délester du respect dû aux anciens.

On peut si l'on veut — mais le vocable est ici secondaire par rapport à l'idée qu'il recouvre — qualifier de « postnationaliste » cette nouvelle interprétation possible, devenue évidente à la suite des événements récents, de l'expérience historique québécoise. Postnationaliste pour trois raisons principales : d'abord parce qu'elle ne s'inscrit pas dans la trame narrative habituelle du canon identitaire francoquébécois ; ensuite parce qu'elle ne sourd pas ni ne s'épuise entièrement dans la problématique nationaliste — discours, croisade, utopie et téléologie ; enfin, et surtout peut-être, parce qu'elle est voulue comme un dépassement enrichi, et non pas comme un désaveu amer ou un rejet désobligeant, du legs offert aux héritiers par les ancêtres. Cette interprétation repose au fond sur un constat évident mais difficile à faire et à assumer, soit que l'histoire progresse plus vite que ne s'opère la cicatrisation des plaies.

Suivant cette interprétation[7], le parcours historique finalement suivi par les Canadiens, par les Canadiens français et par les Québécois maintenant n'aurait été ni détourné ni brisé[8]. Ce parcours ferait au contraire ressortir comment une population de culture et d'héritage français, vivant un échec plutôt qu'un commencement ou une fondation à ses débuts en terre américaine[9], aurait, malgré le changement de donne survenu en 1763, résisté et habilement manœuvré, avec et contre le pouvoir anglais, pour se ménager un espace politique d'épanouissement dans le cadre d'une dynamique de collaboration et d'affrontement, de participation et d'opposition avec et contre la majorité anglophone.

À l'encontre de la thèse habituellement énoncée, cette dynamique d'affirmation, d'un genre ambivalent il faut le dire, n'aurait jamais eu pour finalité principale le détachement complet de la communauté francophone des grands ensembles politiques auxquels elle était associée de gré ou de force. Le but recherché et poursuivi par la majorité des leaders de cette communauté, appuyés en cela par la plus grande partie de la population qu'ils représentaient, aurait été bien davantage, y compris à l'époque des rébellions de 1837-1838[10], de trouver, entre l'appel des utopies et la pression des contingences, une position d'intégration et d'autonomisation maximale, c'est-à-dire ni trop marquée par l'assimilation ni trop caractérisée par l'isolement, du groupement francophone avec et contre l'autre envisagé comme partenaire *et* adversaire.

Or, c'est dans l'espace politique créé par cette dynamique de maintien du destin du groupe entre deux options simultanément rejetées, celle de l'incorporation et celle de l'enclavement, que les francophones du Québec se seraient historiquement élevés dans le paysage canadien comme une communauté politique tout à la fois inassimilable et indélogeable.

Notre intention n'est certes pas de laisser croire ici que la définition, d'une part, et que l'obtention ou l'arrachement, d'autre part, de cette position d'intégration et d'autonomisation maximales aient été chose aisée. Au contraire, le maintien de la place politique et symbolique des francophones du Québec à l'intérieur de l'Empire, du dominion du Canada et de la fédération canadienne — une place que le pouvoir anglais voulait ardemment minoritaire — a toujours été difficile[11]. Pis encore, la définition et le maintien de cette position d'intégration et d'autonomisation maximales avec et contre l'autre a constamment été, pour la communauté francophone, une entreprise à recommencer, à relancer et à reconfirmer. Cela ne devrait pas surprendre : la démonstration de soi est au fond une donnée inextinguible et indépassable pour les groupes minoritaires. Dans le contexte de l'Amérique du Nord, c'est-à-dire au sein d'un espace où il n'existe aucun équilibre démographique et politique entre les groupements comme c'est le cas en Europe par exemple, un espace où, par ailleurs, les logiques majoritaires ont souvent écarté ou évincé les présences minoritaires, la difficulté d'être et de s'épanouir n'en a toujours été que plus grande pour ceux qui n'étaient pas en position de domination.

Historiquement, les re(con)quêtes menées par le groupement francophone ont suivi plusieurs veines. La résistance acharnée contre l'assimilation et la minorisation en fut une. La recherche d'une reconnaissance formelle comme sujet politique collectif et communauté distincte en fut une autre. La poursuite, au sein des structures existantes de pouvoir, d'une capacité empirique de majorité en fut une troisième. La quête de pouvoirs accrus, y compris celui, notamment, du *self-government*, en fut une quatrième. Et ainsi de suite, d'hier à aujourd'hui.

A posteriori, il est impossible de dire que ces démarches aient été infructueuses. C'est le contraire qui est vrai. Sans ces résistances et ces luttes, sans ces oppositions et ces insubordinations, sans ces cabrages et ces insurrections, sans ces collaborations et ces partenariats risqués, on peut penser, en ne sombrant nullement dans l'uchronie, que la présence fançaise en Canada serait aujourd'hui de l'ordre du souvenir nostalgique, au mieux du folklore. De ce point de vue, il est clair que les anciens Canadiens et Canadiens français ont, dans des contextes difficiles et délicats, joué leurs cartes de manière magistrale en sachant évaluer lucidement les possibilités qui s'offraient au groupement francophone, groupement dont les élites avaient intérêt, ne serait-ce que pour maintenir et faire mousser leur propre pouvoir, à protéger tout autant qu'à promouvoir la cause.

Or, et il est important de le souligner, les héritiers n'ont jamais cessé de tabler sur ce legs.

À cet égard, la conjoncture des années 1950 représente un tournant majeur dans la quête d'affirmation et le processus d'épanouissement des francophones du Québec. Elle inaugure rien de moins qu'une nouvelle séquence de lutte contre le pouvoir anglais en ce qui touche à la place du Québec et des Québécois dans le paysage du Canada.

À une époque où le tassement des Canadiens français et l'excentration de la province de Québec dans l'économie politique du Canada ravivent le spectre de l'assimilation et celui de l'enclavement (deux éventualités absolument rejetées par les Franco-Québécois), on assiste en effet, en douceur dans les années 1950 et de manière beaucoup plus marquée dans les décennies qui suivent, à un effort important pour briser l'effet de minorisation que subit continuellement le groupe dans le cadre du fonctionnement du Canada, d'une part, et pour lui permettre de se redéployer sur de nouvelles bases sans rompre nécessairement avec l'horizon canadien, d'autre part.

On le sait maintenant, la bataille pour et contre le Canada sera menée sur deux fronts simultanés, et ce, de manière complémentaire et contradictoire tout à la fois par des ensembles d'acteurs aux ambitions différentes en ce qui touche à l'avenir de leur groupement d'appartenance.

Sur le « front » du Canada, l'action d'un Pierre Trudeau, en particulier, aura pour effet d'offrir à la francophonie canadienne, dans l'arène publique et à l'intérieur des institutions fédérales, une légitimité, un rayonnement et une place qu'elle était en voie de perdre au début des années 1960. Dans les faits, Pierre Trudeau ouvrira aux francophones du Canada un espace de possibilités, y compris en termes de représentation symbolique, plus large que jamais auparavant — ce qui ne signifie pas, loin de là, que tous les problèmes liés à leur reconnaissance et à leur épanouissement seront *eo ipso* réglés[12].

Certes, le but de Trudeau n'était pas de favoriser le développement ou le redéploiement des Canadiens français comme « nation » ou « peuple » à l'intérieur du Canada. Son objectif était plutôt d'amener les siens, les francophones du Québec au premier chef, à dépasser leur condition minoritaire dans la reconquête de leur identité canadienne, une identité qu'il entendait (re)conformer à l'aune d'un ensemble de valeurs universelles inscrites dans des lois fondamentales. Trudeau ambitionnait de même d'en finir une fois pour toutes avec la réalité du développement parallèle de deux grandes communautés distinctives, la française et l'anglaise, réalité qui, à ses yeux, représentait un horizon limitatif pour les siens et pour le Canada dans son ensemble.

Au fond, Trudeau n'était pas contre les Québécois d'héritage canadien-français — il s'agit là d'une interprétation abusive de l'homme politique. Il cherchait plutôt à favoriser leur promotion en les invitant à sortir de cette ambivalence sereine qui, pour lui, n'était que l'expression d'un réflexe attardé de « petit » et de « perdant », réflexe commis par une population empêtrée depuis trop longtemps dans les affres et les illusions d'un nationalisme rétrograde[13]. Trudeau entendait de même empêcher que les Canadiens (anglais) et que les Québécois (de langue française) ne reviennent éventuellement, faute d'un cadre législatif contraignant, à une situation *ex ante* — celle des « deux solitudes » —, un horizon qu'il jugeait absolument sans avenir pour le Canada des siens.

Tout au long de sa carrière politique, l'excentrique visionnaire de Montréal s'attarda à réaliser ce projet de promotion des Canadiens (français) qui impliquait, en retour, un refus catégorique de sa part d'admettre ou de reconnaître comme opportune toute volonté d'affirmation nationaliste des Québécois, volonté qui, pour lui, était le(ur) plus sûr moyen de régresser vers un passé de misère ou de s'enliser dans un séparatisme de pauvre. La première étape de sa démarche consista à promulguer, en 1969, la Loi sur les langues officielles. La dernière étape de sa croisade, motivée en partie par son désir de forcer à tout prix le « désambivalencement » des siens qui, à l'évidence, n'acceptaient ni aisément ni complètement la problématique canadianiste qu'il leur proposait, fut l'institution de la Loi constitutionnelle de 1982[14].

Au Québec même, l'action d'un René Lévesque visait tout autant à favoriser la cause des francophones, sur le plan économique comme sur le plan politique. À l'encontre de ses prédécesseurs qui n'avaient jamais cessé, pour assurer le développement de la province, de jouer la carte de l'Empire, du dominion et du Canada avec plus ou moins de succès, Lévesque, à l'instar de Duplessis jusqu'à un certain point[15], prenait décisivement et principalement le parti du Québec, espace qu'il considérait, par esprit de vision et non par excès de rancœur ou de vindicte, comme le socle principal sur lequel les siens devaient dorénavant bâtir leur avenir.

Comme et contre son *alter ego* Trudeau, Lévesque cherchait aussi à « désambivalencer » les Québécois dans l'espoir de les voir sortir d'un horizon d'êtres qu'il jugeait limitatif et frustrant. Son intention était d'amener les siens à redevenir maîtres chez eux en assumant jusqu'au bout le moyen et les conséquences de cette re(con)quête de soi, à savoir l'indépendance[16].

À la lumière du refus patent des Québécois d'appuyer l'option « extrême » (mais non pas extrémiste) qu'il leur proposait, Lévesque révisa très tôt sa position. Cette réorientation idéologique lui permit de prendre le pouvoir en 1976 en lançant une idée — celle de la souveraineté-association — qui, à l'évidence, était tout à fait compatible avec les (p)références historiques des Québécois.

Dans l'esprit du révolutionnaire tranquille et de ses compagnons d'armes, la souveraineté permett(r)ait effectivement aux Québécois, et notamment aux francophones, de s'accomplir comme sujets politiques. L'association impliquait quant à elle qu'ils n'abandonnaient pas leur désir de redevenir partenaires centraux et acteurs collectifs du développement du Canada, espace, État et pays que les Québécois avaient historiquement contribué à construire et qui était aussi, à plusieurs égards, leur « chez-eux ». Dans tous les cas, l'idée de souveraineté-association, qui allait se muer (ou se convertir) en celle de souveraineté-partenariat, devait amener les (Franco-)Québécois à rechercher et à obtenir le meilleur parti de leur ambivalence d'êtres. Elle devait tout autant amener le Canada à assumer une fois pour toutes l'ambiguïté fondatrice sur laquelle il s'était élevé de même que la dualité structurante qui n'avait jamais cessé de marquer, voire de déterminer, son parcours historique. On comprend l'engouement que suscita, chez les Franco-Québécois, le concept de souveraineté-partenariat, engouement qui ne s'est à peu près pas tari depuis.

Où en sont maintenant les Québécois, et notamment les Québécois d'héritage canadien-français ?

Après quarante ans d'un redressement et d'un redéploiement continus scandés par une action politique ininterrompue, il est clair que les francophones du Québec ont, à l'égard du Canada (anglais), recréé un rapport de force qui leur est plutôt favorable, quoi qu'on dise. Nécessité est d'admettre par ailleurs que ce redressement et ce redéploiement, remarquables sur le plan économique comme sur le plan politique, ont notablement contribué à accentuer, voire à rendre désormais incontournable et indépassable, cette dimension structurale de la formation historique du Canada, à savoir l'existence de deux collectivités distinctes vivant côte à côte et entretenant, dans un chassé-croisé de dissonances souvent déconcertantes, des rapports d'interdépendance fonctionnelle, de tolérance réciproque et de tension généralement heureuse.

À l'aube du XXIe siècle, le Québec occupe en effet, à l'intérieur de la fédération canadienne, une place qui est et reste effectivement centrale, voire unique. L'« isolement » auquel la province est parfois consignée, réduite souvent mais que, il faut bien l'avouer, ses dirigeants recherchent aussi positivement, ne fait que confirmer, sans tapis rouge ni clairon toutefois, le caractère particulier du Québec au sein de la fédération canadienne. Jusqu'à un certain point, les officiers fédéraux de même que les acteurs principaux des autres provinces du Canada acceptent cette donnée à défaut de le vouloir et faute de pouvoir aussi, malgré bien des tentatives en ce sens, « ranger le tiroir du Québec dans la commode canadienne et l'empêcher de se rouvrir ». Cette dialectique entre le vouloir et le pouvoir au pays fait que le Canada est et reste, bon gré mal gré, l'une des fédérations les plus accommodantes du monde alors même que toute la démarche politico-constitutionnelle des années 1980 et 1990 a permis à l'État central de consolider et d'élargir sa capacité régulatrice d'un océan à l'autre.

À l'intérieur de la fédération canadienne, les Québécois disposent de même, en dépit de leur statut minoritaire au Canada, d'une capacité empirique de majorité qui amenuise considérablement les effets tendanciels de leur déclin démographique au sein du pays. Certes, cette place centrale et cette capacité empirique de majorité leur sont continuellement contestées, y compris, souvent, de manière grossière et méprisante, ce qui est certainement frustrant et déplaisant bien que

— et il faut en convenir — il s'agisse là d'une réalité qui est intrinsèque au jeu politique, si ce n'est à l'exercice du fédéralisme.

Dans les faits toutefois, la nature parfois exacerbée des rapports de force entre Québec et Ottawa, l'action politique soutenue du gouvernement du Québec, certaines dispositions enchâssées dans la Loi constitutionnelle de 1982 (notamment les clauses « nonobstant ») et la nécessité de faire malgré tout fonctionner le pays, imposent aux intervenants qui veulent résoudre l'équation canadienne de tenir compte, derrière les rideaux de la scène, de deux dénominateurs conjoints (le Québec et les autres provinces) plutôt que d'un seul dénominateur commun (la nation canadienne). En pratique, le Canada ne peut avancer ni s'accomplir en deçà ou au-delà d'une assomption, si ce n'est parfois d'une reconnaissance *ad hoc*, de sa dualité structurante.

Après quarante ans de révolution tranquille, cette dualité, qui a toujours été au cœur de l'expérience historique canadienne, est d'ailleurs en train de se métamorphoser rapidement. D'ethnique qu'elle était, elle devient en effet territoriale. À maints égards, la collectivité québécoise se spécifie de plus en plus à l'intérieur du Canada. Or, cette spécification ne repose pas sur un critère ethnique. Elle découle au contraire — et s'y fonde bien davantage — de l'identification de tous les Québécois à un même espace institué, eût-il pour territorialité première et souvent unique l'agglomération montréalaise, comme c'est le cas pour les membres des communautés formant le « monde anglophone » québécois[17].

Certes, l'« identification québécoise » n'est pas le seul repère qui inspire les pratiques identitaires et meuble l'imaginaire des Québécois. Ceux-ci intègrent en effet, dans la panoplie de leurs représentations individuelles ou collectives, plusieurs autres références, dont la référence canadienne. Mais il est clair que plus le temps passe, plus le processus de « québécisation » de la collectivité québécoise — qui n'implique cependant pas le délestage de la référence canadienne, ni surtout celle de la canadianité — se renforce.

Cette « québécisation » de la collectivité québécoise se manifeste notamment par la confluence de tous les Québécois vers certains lieux communs qui définissent les contours d'une culture publique partagée dans la province, culture dont la langue française est, tout à la fois, le catalyseur décisif et le véhicule principal d'expression. Elle se révèle de même dans l'émergence d'une littérature anglo-québécoise singulièrement renouvelée et exploitant à profit, dans des structures narratives originales, les thématiques du Grand Montréal d'ouest en est, ce qui, selon certains analystes perspicaces, est la preuve d'une ouverture de la voix littéraire anglo-québécoise à la présence du français dans la ville de même que de son attention aux dissonances créées par la rencontre des langues[18]. La « québécisation » de la collectivité québécoise s'exprime également par l'effet d'attraction, voire d'attirance, exercé par la culture franco-québécoise d'héritage canadien-français auprès de tous les courants culturels s'exposant ou se révélant au Québec, et par le renouvellement du stock de références de cette culture grâce au dialogue engagé avec ces courants provenant des quatre coins de la planète.

Au fond, on pourrait dire qu'il existe actuellement, chez les Québécois d'héritages autres que canadien-français, une disposition, voire une disponibilité, en faveur du Québec qui n'a jamais été aussi grande. En pratique, il n'est plus possible de percevoir les communautés formant le « monde non francophone » québécois comme définissant leurs intérêts à l'encontre de ceux des communautés formant le « monde francophone », en particulier les Québécois d'héritage canadien-français.

Certes, des tensions continuent d'exister entre ces derniers et les autres groupements formant la collectivité québécoise. Cela dit, outre que ces tensions sont normales et irréductibles dans toute collectivité et société pratiquant respectueusement la démocratie, elles sont parfaitement contenues et résolues dans le jeu politique institué et par lui. En fait, si la quête d'affirmation québécoise — qui ne cessera pas et ne peut d'ailleurs cesser — était clairement déliée de l'option indépendantiste, il ne fait aucun doute que le rapprochement des francophones et des non-francophones autour d'une plateforme politique partagée, voire de raisons communes, serait plus rapide encore. Jusqu'à un certain point, l'option indépendantiste, qui apparaît comme une menace ou un irritant à de nombreux Québécois, constitue un frein à l'accomplissement complet, sur la base de ses nouveaux fondements territoriaux, de la dualité structurante du Canada.

Or, cette situation est fâcheuse. Il faut bien voir en effet la possibilité contenue en germe dans l'affirmation de cette dualité. Si tant est qu'elle soit (ou qu'elle ait été) assumée et accueillie comme il se doit (ou le devrait) par les nationalistes québécois d'un côté et par les nationalistes canadiens de l'autre, la dualité tendancielle du Canada élimine(rait) une fois pour toutes le péril de l'éventuelle disparition ou minorisation des Québécois comme collectivité à dominante francophone au pays — ce qui, apparemment, est le principal souci des Franco-Québécois à propos de leur avenir[19]. Elle confirme(rait) de même le Québec — en tant que province, région et foyer principal de l'une des deux grandes communautés linguistico-culturelles au Canada — dans son statut de société ouverte et composite, épanouie et déridée, une société surtout émancipée de ses anciens et fatigants canons identitaires.

Évidemment, cette vision des choses laisse apparemment irrésolu le problème de la reconnaissance collective des Québécois. Il importe pourtant, à ce chapitre, d'être nuancé dans l'appréciation des choses.

À plusieurs égards, la collectivité québécoise obtient en effet déjà, de la part de bien des États, gouvernements et administrations de par le monde, des agréments de toutes natures fondés sur la reconnaissance implicite ou explicite de ses particularités identitaires ou autres. On oublie souvent que les Québécois, bien que ne disposant pas d'un État souverain en toutes matières et juridictions, se sont dotés au fil des ans, et notamment depuis les quarante dernières années, d'institutions publiques et parapubliques puissantes, efficaces et de très haut niveau, y compris sur le plan de la diplomatie internationale. Avec celle d'Ottawa, la fonction publique québécoise compte parmi les plus compétentes et les mieux outillées au pays. Elle est aussi la plus importante, par le nombre absolu de ses employés, de toutes les fonctions publiques provinciales[20]. Or il existe un lien entre la force relative des institutions et la capacité, pour un groupe ou une collectivité, de se promouvoir et de s'épanouir en soi, devant les « autres » et dans le monde. Sous ce rapport, le Québec s'est hissé, depuis un certain temps déjà et de manière marquée, bien au-delà du point critique de rechute vers une situation quelconque d'anémie « corporelle » ou « existentielle ».

Par ailleurs — et c'est là la conséquence d'une présence renforcée des francophones depuis plus de trente ans à l'intérieur de l'administration fédérale —, il n'existe pas d'empêchement fondamental, au contraire, pour les Québécois, à faire également d'Ottawa le lieu et le moyen de leur promotion comme collectivité tout à la fois distincte et participante du Canada.

Évidemment, il faut savoir discerner entre la possibilité empirique d'une telle promotion (ce qu'aucun pouvoir ne peut plus empêcher dans les faits, *nolens volens*) et la reconnaissance constitutionnalisée de cette promotion (ce que les souverainistes désirent à tout prix mais qu'une portion importante du Canada anglais rejette).

Qu'une éventuelle démarche de réinvestissement ou de surinvestissement de l'institution fédérale par les Québécois présente certaines difficultés et frustrations pour les uns et provoque, chez les autres, cris, lamentations et résistance, cela ne surprendra personne. On n'ébranle pas facilement un dinosaure assis sur une tradition centenaire. On ne réoriente pas aisément non plus des flux communicationnels et on ne rebâtit pas autrement des réseaux empiriques de pouvoir, de cooptation, d'allégeance, de proximité sociolinguistique, de parenté bureaucratique et quoi encore, en criant lapin. Cela dit, la tâche n'est pas pour autant insurmontable. Devant les embûches, il faut, en sage philosophe, adopter l'attitude d'un Pierre Falardeau et se rappeler que, si les bœufs sont lents, la terre est patiente[21]. Il faut en outre comprendre, admettre et assumer le fait que le Québec n'est plus, par rapport à lui-même, par rapport au gouvernement fédéral et par rapport au Canada (anglophone), dans une situation semblable à celle où il se trouvait au milieu des années 1950. En fait, de ce triple point de vue, la donne a fortement changé. Il y a une nouvelle figure identitaire du Québécois incarnée dans l'idée de réussite et dans celle de performance[22]. Il y a aussi cinquante ans de réalisation et d'accomplissement collectifs indiscutables de la part des Québécois. Si ce succès n'a pas encore révolutionné l'identitaire collectif — tel qu'il est du moins mis en mots par ceux qui parlent et qui écrivent le plus —, il est, en revanche, impossible de ne pas en tenir compte. C'est d'ailleurs ce que plusieurs acteurs ont commencé à faire. Déjà, au début des années 1970, une publicité populaire n'annonçait-elle pas que « le Québec sait faire » ? Et, en 1990, au moment où il devenait évident que l'accord du lac Meech ne serait pas entériné par toutes les législatures provinciales, le Mouvement Desjardins ne claironnait-il pas que si les Québécois avaient tout pour réussir, l'institution, de son côté, avait tout pour que cela dure ?

À maints égards, c'est cette assurance nouvelle et tranquille des Québécois à l'égard d'eux-mêmes et envers l'avenir que Robert Bourassa, alors Premier ministre du Québec, se permettait d'exprimer solennellement le 22 juin 1990 en prononçant ces mots tant de fois repris et cités par ses successeurs :

> Le Canada anglais doit comprendre d'une façon très claire que, quoi qu'on dise, quoi qu'on fasse, le Québec est, aujourd'hui et pour toujours, une société distincte, libre et capable d'assumer son destin et son développement.

Par cette sentence, M. Bourassa reprenait, sous une forme davantage modérée mais plus puissante, mieux assise et plus convaincue et convaincante encore, cet autre aphorisme clamé par Jean Lesage à l'aube de la Révolution tranquille et qui allait tant marquer l'imaginaire des Québécois (d'héritage canadien-français) : « Maîtres chez nous[23] ! ».

Il faut évidemment saisir toute la subtilité des formules ici employés par Lesage et Bourassa pour comprendre le fond de leur message. On aurait tort de voir, dans l'une et l'autre des expressions utilisées par les deux anciens chefs du PLQ, une adhésion quelconque de leur part à l'idée de sécession, de séparation ou d'indépendance du Québec. Le « chez nous » de Lesage, bien que réduit à sa portion congrue par ceux qui, dans les années 1960 et 1970, allaient s'en servir pour nourrir leurs propres fins partisanes, n'excluait absolument pas le Canada. En fait, pour Lesage, le défi des Québécois était rien de moins que de reconquérir leur place, et ce, au Québec tout autant qu'à Ottawa[24]. On sait à quel point René Lévesque et Pierre Trudeau, de manière à la fois complémentaire et contradictoire, allaient relever ce *challenge*.

Quant à l'énoncé de Bourassa, il faut bien mal se souvenir de l'homme pour penser qu'il ait pu, en usant de pareille rhétorique, vouloir affirmer autre chose que la déclinaison suivante de principes :

• le Québec d'aujourd'hui n'est plus celui d'hier ;

• quelle que soit la réponse du Canada anglophone à la (re)quête d'affirmation du Québec et des Québécois, maintenant ou plus tard, ni la province ni la collectivité québécoise ne peuvent être désormais excentrées, tassées, marginalisées, ostracisées… du paysage canadien ;

• la présence du Québec et des Québécois à l'intérieur du Canada est indélogeable et leur identité, inaliénable ;

• il est inutile de contraindre les Québécois à appuyer un projet ou une vision du pays dont ils ne veulent pas.

Or, quel était, dans l'esprit de Robert Bourassa, le projet et la vision que caressaient fondamentalement les Québécois ?

On peut penser, après avoir vu évoluer le chef libéral sur la scène politique canado-québécoise pendant de nombreuses années, que sa conception des choses était à ce sujet bien arrêtée : les Québécois recherchaient avant tout une position optimale d'intégration avec et contre l'autre dans l'espoir de se ménager, compte tenu de leur double statut de minorité et de majorité dans le contexte nord-américain et canadien, un espace d'épanouissement qui les préserve(rait) simulta-nément d'une dérive vers l'assimilation et d'un repli vers leur seul foyer québécois. En clair, l'exil et l'isolement forcé, ailleurs ou chez eux, était ce que désiraient le moins les Québécois.

On peut bien, pour diverses raisons, n'éprouver aucun enthou-siasme politique ni ne ressentir d'excitation intellectuelle devant pareille nudité (mais non pas nullité) visionnaire. Il n'empêche que la pertinence analytique de cette vision dépouillée, pragmatique plutôt que transcendante, d'un Bourassa, n'a pas été démentie par l'attitude politique des Québécois (d'héritage canadien-français) au cours des dernières années.

On aurait tort de croire en effet que ceux-ci ont fait rejet de leur pratique avisée de l'ambivalence d'êtres, laquelle ne tient pas du conservatisme ou de l'aplatissement, faut-il le rappeler, mais d'une espèce de continuité historique qui leur a servi. Au contraire, pour maintenir vivante et bien réelle cette possibilité, fort appréciée chez eux, des ancrages croisés, ils ont, dans les années 1980 et 1990, soit après le *forcing* constitutionnel de Pierre Trudeau en 1982, appuyé plusieurs mesures, entreprises ou démarches expédientes au nombre desquelles figurent l'accord du lac Meech, les recommandations incluses dans le rapport Allaire, la formation du Bloc québécois et le projet de souveraineté-partenariat. Or toute cette activité, bien qu'insatisfaisante et frustrante aux yeux de plusieurs — un Parizeau par exemple —, n'a pas été contraire à l'avancement de la cause québécoise.

En fait, il semble que le rapport de force entre le Québec et le Canada anglophone ait atteint, après quarante ans de révolution tranquille et d'affirmation soutenue, une certaine situation d'équilibre, ce qui ne veut pas dire de symétrie ni d'harmonie. Meech a beau avoir échoué, l'esprit de l'accord s'est implanté de manière rampante dans le paysage politique canadien et dans la régulation publique au pays. En pratique, quoi qu'on dise, veuille ou fasse, il n'est pas possible de contourner la problématique du Québec — ce qu'ont bien démontré les tergiversations entourant la conclusion de l'Union sociale canadienne et la décision du gouvernement du Québec de ne pas en appuyer finalement la teneur. Dans ce cas en particulier, l'« isolement » du Québec a en quelque sorte constitué une preuve par la négative de l'impossibilité de résoudre l'équation canadienne en négligeant la variable québécoise. En d'autres occasions, à l'époque de l'entrée en vigueur du Régime de rentes du Québec par exemple ou au moment de la signature des accords-cadres sur l'immigration, la démonstration d'une équation canadienne insoluble autrement que par le recours au double dénominateur conjoint s'était plutôt faite par l'entremise d'une démarche positive d'accommodements réciproques.

À la longue, si tant est que le processus de dualisation territoriale du Canada continue de s'affirmer comme cela est probable, la réalité sociologique et politique des deux « majorités » au pays deviendra à ce point puissante et incontournable qu'elle finira par s'inscrire en douceur dans les principes de gouverne du Canada. Partie prenante du pays, le Québec sera en même temps *de facto*, sinon *de jure* à plusieurs égards, société distincte *et* participante du Canada — ce qui est bel et bien le désir de la majorité des Québécois.

Or, il semble que cette possibilité d'articulation du fédéralisme canadien et de l'affirmationnisme québécois, qui n'a historiquement jamais été aussi proche de fonctionner à défaut d'être officialisée, ne plaise ni aux nationalistes québécois ni aux nationalistes canadiens dont les plus zélés lurons sont également, au moment d'écrire le présent livre, (franco)-québécois.

D'un côté, à Québec, on cherche en effet à créer les conditions gagnantes pour faire advenir ce que la réalité sociologique de la province semble réticente à enfanter, soit une « nation québécoise » avivée par une identité collective englobant toutes les autres et animée par un élan irréversible de souveraineté nationale[25]. De cette manière on espère accélérer, chez tous les Québécois, la formation d'une conscience historique proprement québécoise, conscience évidemment arrimée à un horizon d'attente principalement focalisé sur la construction continue du Québec à partir d'une position d'indépendance. Fondamentalement, l'objectif ici visé est de « désambivalencer » les Québécois, ceux dont l'héritage est canadien-français surtout et qui forment la majorité de la population, de telle façon qu'ils s'ouvrent le plus largement possible à l'idée d'indépendance.

De l'autre côté, sur la berge occidentale de la rivière des Outaouais, la stratégie consiste, dans la mouvance de ce que Pierre Trudeau avait amorcé dès la fin des années 1960, à forcer à tout prix les Québécois, les francophones notamment, à choisir entre le Québec (indépendant) et le Canada. Ici, on joue quitte ou double, fort d'une certitude apparente, à savoir que les Québécois, dans leur grande majorité, refuse(ro)nt la voie de la souveraineté sans partenariat assuré, ce qui, effectivement, est une constante de leur tradition, voire de leur identité, politique. (Inutile de dire que, à Ottawa, on néglige de prendre en considération les variables qui, dans l'équation identitaire québécoise, ne mènent pas au résultat canadien.) Pour remporter la mise, les officiers fédéraux tablent sur deux moyens principaux : d'abord, s'imposer au Québec par l'argent et les symboles ; ensuite, tenter par tous les moyens, y compris légaux, de piéger la quête d'affirmation québécoise ou de l'enrayer. De nouveau, l'objectif visé est d'amener les Québécois à s'exiler de leur détestable ambivalence d'êtres pour s'ouvrir sans remords au seul horizon qui leur sied censément, soit celui du Canada. À cet égard, la logique fédérale est implacable et sans retenue. Elle se ramène au théorème suivant :

plus la pression sur les Québécois (d'expression française) est forte, plus les possibilités de choix qui s'offrent à eux sont restreintes et moins l'expression politique de leur ambivalence d'êtres est possible.

Jusqu'à quel point le sujet peut-il être «pressé» — ou «mis en cage» pour user d'une métaphore de Jacques Parizeau, celle des homards emprisonnés, qui lui valut bien des risées? Nul ne le sait. Quoi qu'il en soit, en théorie comme en pratique, la stratégie du *forcing* est devenue, pour les canadianistes, une démarche tellement puissante et évidente qu'au dire de certains d'entre eux — vraisemblablement les moins futés sur le plan politique —, il n'est même plus question, pour convaincre les Québécois «récalcitrants» à cueillir le grand bonheur qui s'impatiente à force de les attendre, de renouveler le fédéralisme canadien[26].

Quels que soient leur enthousiasme ou leur naïveté, leur manque total de flair politique ou leur incompréhension notoire de la condition identitaire québécoise, la tâche des partisans du «*forcing* en faveur du Canada» est immense, peut-être démesurée. Elle consiste à persuader les Québécois (au fond les francophones, et plus particulièrement les Québécois d'héritage canadien-français) de sortir de ce lieu d'êtres pérenne — celui de l'ambivalence et des ancrages croisés — où ils se sont logés et lovés tout au long de leur histoire pour avancer et s'épanouir dans un environnement complexe, parfois hostile, où, bien que manœuvrant habilement, ils n'ont jamais détenu, ni avant ni après 1759, de position majoritaire ou dominante.

On verra ce que l'avenir réserve à cette démarche de «désambivalencement» des Québécois que pratiquent tout autant de leur côté les souverainistes avec, jusqu'à maintenant, aussi peu de succès que leurs éternels adversaires canadianistes.

Le passé de l'avenir, l'avenir du passé

À l'aube du XXIe siècle, on ne peut tout simplement plus penser l'avenir de la collectivité québécoise en l'envisageant à partir des catégories centrales d'un discours et d'une épistémè qui trahissent le refus, de la part de ceux qui les utilisent, de prendre acte des formidables mutations qu'a connues le Québec depuis quarante ans, qui contestent le potentiel d'accomplissement contenu dans le double ancrage des Québécois à la bitte canadienne et au bollard du Québec, et qui présentent le Canada comme étant un obstacle à l'épanouissement des Québécois plutôt qu'un tremplin supplémentaire leur permettant de rayonner.

C'est dans l'ambivalence que les Canadiens, les Canadiens français et les Québécois se sont élevés historiquement, entre les possibilités qui leur ont été offertes et celles qu'ils se sont données grâce à leurs luttes. Cet itinéraire ambivalent, imposé et recherché tout à la fois, n'a pas été, bien au contraire, à l'origine d'un échec collectif ou d'un détournement de destin. En fait, si la situation vécue dans le paysage canadien par le Québec et les Québécois (d'héritage canadien-français) a été marquée par bien des frustrations et des obstacles, elle s'est aussi révélée pleine de possibilités et de pas en avant.

Au fond, le défi des observateurs n'est pas de dénier ou de dénigrer la présence structurale et structurante de l'ambivalence d'êtres dans le passé des Québécois. Il s'agit plutôt, en assumant cette réalité à défaut de l'approuver, d'en faire ressortir les avantages et les limites en tenant compte, dans l'analyse de chaque conjoncture, des possibilités offertes au groupe par l'état effectif des rapports de force dans lesquels il a dû nécessairement se déployer. Le but de pareille analyse, précisons-le, n'est pas de contester que l'indépendance puisse un jour constituer une option vers laquelle s'oriente la collectivité québécoise. Il s'agit davantage de montrer que cette éventualité n'est un aboutissement ni logique, ni obligatoire, ni fatidique du passé vécu des Québécois.

On se demande d'ailleurs si ce constat n'est pas celui auquel se rallient finalement la plupart des Québécois. Contrairement aux partisans de l'option souverainiste, les Québécois, dans leur grande majorité, ne voient pas en effet l'indépendance comme une nécessité historique, une transcendance salutaire ou une utopie rédemptrice. Ils perçoivent bien davantage l'*idée d'indépendance,* avec laquelle ils flirtent en évitant de l'embrasser trop intimement, comme un moyen de maintenir un rapport de force optimal avec et contre le Canada anglophone. C'est cette donnée, tellement évidente pour l'observateur qui écoute au lieu de stigmatiser, que les indépendantistes québécois refusent d'accepter, que les officiers fédéraux, notamment les ténors québécois du PLC, rejettent par fixation idéologique et que le Canada anglophone, pris au piège de ses propres mythes et repères identitaires tout en n'offrant qu'une réponse par le vide à la vision québécoise de l'identité canadienne, est condamné à ne pas voir ni comprendre.

La possibilité existe pour une histoire du Québec qui, lucide et sans ménagement devant ce qui fut, table néanmoins sur les acquis du passé et ne débouche ni sur la mélancolie, ni sur le doute et l'inquiétude, ni peut-être sur la séparation. La possibilité existe tout autant pour repenser le pays de manière à accueillir, dans une démarche de réciprocité porteuse de la part des acteurs en présence, ses dissonances actuelles.

Contrairement à ce que prétendent les légions de (dé)missionnaires qui désespèrent l'opinion publique en la dopant avec leurs propos tantôt démoralisants et tantôt chimériques[27], le « mal canadien » ne tient pas à une espèce de cancer vicieux et incurable qui marquerait objectivement la condition du pays. Il découle principalement du refus des décideurs de s'engager de bonne foi dans la recherche d'aménagements responsables et originaux entre le projet fédéraliste des Canadiens, dont sont aussi les Québécois, et la quête d'affirmation des Québécois, qui n'est pas incompatible avec l'existence d'un Canada réuni.

Ce refus est symptomatique de ce qui caractérise, au-delà de leurs discordes apparentes, les souverainistes et les canadianistes : une incapacité d'assumer la complexité et l'entremêlement salutaires des situations empiriques, une abdication devant le défi cardinal du politique de transformer les problèmes en projets.

Reste, comme horizon libérateur, l'obligation de penser l'impensable et celle de venir à bout de l'impossible. Tel est, en accord avec la philosophie générale inspirant cet ouvrage, un héritage possible à transmettre aux descendants.

Notes

SE SOUVENIR D'OÙ L'ON S'EN VA

1. *Se souvenir et devenir*, rapport du Groupe de travail sur l'enseignement de l'histoire, présidé par Jacques Lacoursière, Québec, ministère de l'Éducation, mai 1996, 80 p.
2. Josée Legault, « Histoire d'exister », *Le Devoir*, 17 juillet 1996 ; Béatrice Richard, « Se souvenir et devenir, ou oublier et disparaître ? », *Le Devoir*, 25 août 1996 ; Louis Cornellier, « Comment peut-on être Québécois pure laine ? », *Le Devoir*, 7-8 septembre 1996 ; Jean-Marc Léger, « L'histoire nationale révisée à l'aune du multiculturalisme », *Bulletin d'histoire politique*, 5, 1 (automne 1996), p. 59-63 ; Marc-Aimé Guérin, *La Faillite de l'enseignement de l'histoire (au Québec)*, Montréal, Guérin, 1996.
3. Jacques Dagneau, « Une vision dépassée de l'histoire. Réponse à Josée Legault », *Le Devoir*, 29 juillet 1996 ; Gonzalo Arriaga et Éric Normandeau, « Vous avez dit "québécitude" ? Réponse à Louis Cornellier », *Le Devoir*, 28-29 août 1996.
4. C'est à dessein que nous écrivons « généralement », car cela n'est pas toujours le cas. Il arrive en effet que le rapport qu'établissent les Québécois d'héritage canadien-français avec le monde et avec eux-mêmes passe par un rappel plus positif de leur condition et par un souvenir plus glorieux de leur passé. Cela dit, les Franco-Québécois restent fondamentalement empêtrés dans une espèce de dialectique du passé-présent pour laquelle ils ne trouvent (pour le moment) de solution ni politique ni mémorielle et qui peut être exprimée par les trois formules suivantes : « S'ouvrir vers l'autre en évitant de se perdre dans l'ailleurs », « Prendre acte de son émancipation en se souvenant de son aliénation »,

« Redéfinir l'identité du groupe sans occulter ses attributs historiques ». À ce sujet, voir Jocelyn Létourneau et Jacinthe Ruel, « *Nous Autres les Québécois. Topiques du discours franco-québécois sur Soi et sur l'Autre* dans les mémoires déposés devant la Commission sur l'avenir politique et constitutionnel du Québec », dans *Mots, représentations. Enjeux dans les contacts interethniques et interculturels*, sous la dir. de K. Fall, D. Simeoni et G. Vignaux, Ottawa, Presses de l'Université d'Ottawa, 1994, p. 283-307.

5. On a beaucoup étudié le contenu de la mémoire collective des Québécois d'héritage canadien-français. On a aussi retracé ses thématiques centrales en les associant à la constitution de l'identitaire du groupe. On s'intéresse aussi de plus en plus aux oublis qui marquent cette mémoire, à ses zones d'ombre aussi, ce qui permet de mettre tranquillement au jour les aspects refoulés de l'identitaire des Québécois. Mais, jusqu'à maintenant tout au moins, la question de savoir comment il est possible d'oublier en se souvenant, c'est-à-dire de vivre le rappel du passé sans être oblitéré par son sceau et son fardeau, a été pratiquement laissée en friche. Une exception récente, que nous commenterons plus loin dans l'ouvrage : Gérard Bouchard, *La Nation au futur et au passé*, Montréal, VLB, 1999.

6. On peut évidemment déplorer que l'histoire telle qu'elle est enseignée dans les écoles québécoises n'ait jamais rompu ses liens avec les préoccupations politiques et nationales de bien des intervenants liés d'une façon ou d'une autre au monde de l'éducation. Le fait est que cette tendance est universelle. L'histoire, comme le soulignait Marc Ferro, reste partout « sous surveillance ».

7. « La fonction sociale de l'histoire », *Histoire sociale*, n° 4 (novembre 1969), p. 16.

8. À la décharge des auteurs du rapport, force est de préciser que leur propos et leur position, relativement à la désignation du Québec comme société culturellement plurielle, se sont largement appuyés sur le contenu des mémoires déposés devant la Commission.

9. *Loc. cit.*

10. André Turmel, « Le devoir de mémoire », *Le Devoir*, 28 juin 1996.

11. On ne compte plus les fois où l'on se sert de ce mémoriogramme, véritable mémo de mémoire préfigurée, pour donner la réplique à un « offenseur » ou pour nourrir de faits et de dates un sentiment de conscience historique plus ou moins bien arrêté. À titre d'exemple, signalons la répartie du ministre Bernard Landry à l'endroit de la lieutenante-gouverneure du Québec à la suite d'une déclaration de l'honorable dame touchant à la chance des Québécois d'avoir eu l'Angleterre plutôt que la France comme souveraine : « C'est oublier toutes les tentatives d'assimilation de la Couronne britannique et de ses agents. C'est oublier les Patriotes de 1837, les engagements violents, les pendaisons et l'exil. C'est oublier l'Acte d'Union, qui a forcé le Québec à s'unir à l'Ontario, alors que l'Ontario était endetté et qu'ils nous ont endettés en même temps. L'Acte d'Union par lequel ils voulaient nous faire perdre notre majorité en nous fondant dans un grand tout. C'est oublier le rapport Durham. C'est oublier

le jugement du Conseil privé, qui a amputé le Québec du Labrador. » Et le ministre de recommander à Son Excellence « de se rafraîchir la mémoire, de retourner à ses livres d'histoire, de consacrer ses temps libres à la lecture des Brunet, Séguin, Lacoursière, Vaugeois, Lamarche et autres. » Propos rapportés par Pierre O'Neil dans *Le Devoir*, 25-26 janvier 1997, p. A5. Mentionnons de même le rappel chronologique et mémoriel effectué par le Regroupement des historiens et historiennes pour le Oui et publié dans le *Bulletin d'histoire politique*, 4, 3 (printemps 1996), p. 93-94. Signalons enfin, plus récemment, la « leçon d'histoire » que donnait Gérard Bouchard à John R. Saul en lui rappelant ses errements et oublis historiques : « La vision siamoise de John Saul, I et II », *Le Devoir*, 15, 16 et 17 janvier 2000.

12. « J'ai tant besoin du 24 juin », *Le Devoir*, 23 juin 1997.

13. *Le Sort de l'Amérique* [script et scénario], Montréal/Paris, Boréal/K-Films, 1997, p. 26.

14. *L'Ingratitude. Conversation sur notre temps*, avec Antoine Robitaille, Montréal, Québec Amérique, 1999, p. 137.

15. Objectivement dans le sens où l'on est toujours plus ou moins culturellement déterminé par les particularités de son lieu et de son milieu d'origine, de socialisation et d'éducation.

16. *L'Avenir de la mémoire*, Québec, Nuit blanche, 1995, p. 58.

17. À ce sujet, voir Hans Jonas, *Le Principe responsabilité*, Paris, Cerf, 1990 [1979], chap. IV, point V.

18. J. Létourneau, « La production historienne courante portant sur le Québec et ses rapports avec la construction des figures identitaires d'une communauté communicationnelle », *Recherches sociographiques*, 36, 1 (1995), p. 9-45.

19. Pour un exemple récent de pareil réflexe, voir Jean-François Lisée, *Sortir de l'impasse. Comment échapper au déclin du Québec?*, Montréal, Boréal, 2000.

20. Jean-Jacques Simard, « L'identité comme acte manqué », *Recherches sociographiques*, 36, 1 (hiver 1995), p. 103-111.

21. « Le Québec me tue », *Le Devoir*, 30 août 1994, et « Oui, le Québec me tue », *Le Devoir*, 27 septembre 1994. Voir l'article récent consacré à la jeune femme et qui fait voir, chez elle, une grande « (r)évolution » personnelle et idéelle (*Le Devoir*, 10 août 1999).

22. *Ce pays comme un enfant*, Montréal, L'Hexagone, 1997, p. 189.

23. Formulation empruntée à Serge Cantin, « Fernand Dumont : la mort d'un homme de parole et d'action », *Le Devoir*, 10-11 mai 1997.

24. Le lecteur devra garder à l'esprit que par « historien » nous entendons dans cet ouvrage la communauté de ceux et celles qui font œuvre savante — c'est-à-dire un travail systématique et rigoureux — d'étude du passé, et ce, en dépit de leur appartenance professionnelle à une discipline universitaire spécifique.

25. Ceux-ci furent lancés en avril 1995. Trente ans après le rapport Parent, il s'agissait de (re)donner la parole aux groupes et aux individus pour qu'ils énoncent

leurs idées sur les maux du système d'éducation. Au cours des audiences publiques tenues à l'occasion de ces états généraux, un grand nombre de personnes manifestèrent leur inquiétude quant à la situation de l'enseignement de l'histoire au Québec. C'est en conséquence de cela que M. Jean Garon, alors ministre de l'Éducation, annonça la formation du Groupe de travail sur l'enseignement de l'histoire en octobre de la même année.

26. On sait que l'histoire que l'on compose du passé est toujours le produit d'une dialectique compliquée faite de rappels et d'oublis factuels, l'un étant l'interface de l'autre au sein d'une même structure narrative renvoyant quelque part à des pouvoirs en compétition. De ce point de vue, l'oubli n'est pas nécessairement le produit d'une opération consciente de dissimulation du passé, mais le résultat automatique du fait que le rappel crée simultanément du pensable (souvenir) et de l'impensable (oubli). Voilà pourquoi se souvenir implique nécessairement que l'on oublie aussi et par conséquent. On peut dans ce contexte définir l'oubli comme une mémoire non activée qui peut refaire surface pour autant que le souvenir ombrageur périsse ou que la frontière antinomique entre le rappel et l'oubli soit brisée à la suite d'un effort de réflexion critique menant à la déconstruction d'un modelage culturel de la mémoire.

27. Voir les perles citées dans « Trou de mémoire », [retranscription d'une série d'émissions diffusées sur SRC-Radio du 9 juillet au 27 août 1995], Montréal, SRC-Radio, 1995.

28. Nous ne prétendons pas, parce que nous ne pouvons pour l'instant le démontrer rigoureusement en nous appuyant sur un large corpus, que ces dissertations — recueillies dans le cadre d'une exercice informel réalisé en classe — soient représentatives de la mémoire historique des Québécois d'héritage canadien-français. Notre intuition est toutefois qu'elles le sont, et ce, pour deux raisons : d'abord parce que leur contenu reprend l'essentiel de ce qui est dit sur la place publique, par les petits et grands ténors médiatiques, à propos du passé des Québécois francophones ; ensuite parce que, année après année, nous retrouvons, dans les copies des étudiants, une vision du parcours historique des Québécois qui reste structurée sur ce mode invariable.

29. *Projet de loi sur l'avenir du Québec (projet de loi n⁰ 1), incluant la déclaration de souveraineté et l'entente du 12 juin 1995,* Québec, Éditeur officiel du Québec, 1995, préambule, p. 7.

30. Louis Cornellier, « Plaidoyer pour l'idéologie tabarnaco », *Le Devoir,* 4 juillet 1996.

31. Nous n'oserions nous avancer à dire que ce récit nourrit aussi leur imaginaire politique, bien que cela soit tenu pour acquis, trop rapidement et facilement, par bien des analystes. Notre sentiment est qu'il existe un décalage croissant entre le récit identitaire et mémoriel qui circule dans l'espace public — récit que les gens reprennent souvent à leur compte et presque toujours de manière acritique — et l'imaginaire politique auquel ils aspirent. On peut penser que

cela est particulièrement vrai chez les jeunes qui semblent avoir, de l'idée de nation par exemple, une représentation qui diffère sensiblement de celle de leurs pères. À ce sujet, voir J. Létourneau, « La nation des jeunes », dans *Les Jeunes à l'ère de la mondialisation. Quête identitaire et conscience historique*, sous la dir. de B. Jewsiewicki et J. Létourneau, Sillery, Septentrion, 1999, p. 411-430.

32. Loin de nous l'idée de prétendre que cette ventilation ne se fait pas. Des historiens s'en chargent en partie, des littéraires aussi. Mais le malaise de la mémoire québécoise est profond, la lutte contre le charriage démagogique et la mauvaise foi est inégale, et le poids du politique est si écrasant dans tout discours portant sur le passé du Québec que la transmutation mémorielle est lente et pénible. Pour une position s'apparentant à la nôtre, voir Pierre Nepveu, « Notes sur un angélisme au pluriel » et « L'impossible oubli », dans *Le Devoir*, livraisons du 9 et du 10 juin 1997.

33. Rapporté par Gilles Bibeau, « Tropismes québécois. Je me souviens dans l'oubli », *Anthropologie et sociétés*, 19, 3 (1995), p. 151-152.

PASSER D'HÉRITIERS À FONDATEURS

1. « La quête d'une société normale : critique de la réinterprétation de l'histoire du Québec », *Bulletin d'histoire politique*, 3, 2 (1995), p. 9-42.

2. Il serait trop long de citer tous les travaux pertinents. Le résultat le plus spectaculaire des recherches des membres du CIEQ [Centre interuniversitaire d'études québécoises] se trouve dans le projet d'atlas historique du Québec auquel sont notamment associés Serge Courville, Jean-Claude Robert et Normand Séguin.

3. Louis Rousseau et Frank W. Remiggi, *Atlas historique des pratiques religieuses*, Ottawa, Presses de l'Université d'Ottawa, 1998.

4. *Cf. Duplessis. Entre la grande noirceur et la société libérale*, sous la dir. d'Alain G. Gagnon et Michel Sarra-Bournet, Montréal, Québec-Amérique, 1997 ; Jacques Beauchemin, Gilles Bourque et Jules Duchastel, *La Société libérale duplessiste*, Montréal, Presses de l'Université de Montréal, 1995 ; Gilles Paquet, *Oublier la Révolution tranquille*, Montréal, Liber, 1999 ; « Le chaînon manquant », livraison spéciale de la revue *Société* [Montréal], 20-21 (été 1999).

5. Voir, par exemple, l'entrevue donnée par Yvan Lamonde à Claude Montpetit, « Défaire le nœud des héritages », *Le Devoir*, 2 novembre 1998, et à Gil Courtemanche, « Un peuple entre deux chaises », *L'Actualité*, 1er avril 1997, p. 56-58.

6. « Pour décloisonner notre réflexion collective », *Le Devoir*, 24 novembre 1997 ; « Nationalisme ethnique, avez-vous dit ? », *Le Devoir*, 1er-2 juin 1996 ; « Une francophonie nord-américaine », *La Presse*, 7 mai 1998 ; « Manifeste pour une coalition nationale », *Le Devoir*, 4 septembre 1999.

7. « Ouvrir le cercle de la nation. Activer la cohérence sociale », *L'Action nationale*, 87, 4 (avril 1997), p. 107-137.

8. G. Bouchard, *La Nation québécoise au futur et au passé*, Montréal, VLB, 1999 ; *id.*, « Le souci de l'actuel : deux clés pour la réécriture de l'histoire nationale », intervention au colloque « L'avenir de notre passé », Institut d'études canadiennes, Université McGill, janvier 1999 ; Gérard Bouchard et Michel Lacombe, *Dialogue sur les pays neufs*, Montréal, Boréal, 1999, chap. 10 en particulier.

9. G. Bouchard, « Conclusion générale : La nation comme imaginaire et comme réalité », dans *La Nation dans tous ses états. Le Québec en comparaison*, sous la dir. d'Yvan Lamonde et de Gérard Bouchard, Montréal, L'Harmattan, 1997, p. 349.

10. G. Bouchard, « La réécriture de l'histoire nationale au Québec. Quelle histoire, quelle nation ? », dans *À propos de l'histoire nationale*, sous la dir. de Robert Comeau et Bernard Dionne, Sillery, Septentrion, 1999, p. 127.

11. Chez Bouchard, le concept de nation renvoie à une conception culturelle tout autant que civique de l'ensemble national — d'où l'épithète de « sociologique » qu'il lui accole. À proprement parler, l'auteur fait équivaloir son concept de nation à l'idée de projet de développement collectif, à celle de valeurs communes, à celle de mobilisation collective, bref à ce que l'on veut qui soit bon, bien et juste, et qui ne soit pas trop ethnique. En un sens, la nation (sociologique) québécoise de Bouchard équivaut à peu près à la nation canadienne de Trudeau, ce qu'il reconnaît lui-même (*La Nation québécoise au futur et au passé*, p. 76). Pourquoi donc refaire en « plus petit » ce qui existe en « plus grand » ? « Parce que, dit Gérard Bouchard, le Canada n'est jamais parvenu à accommoder les deux grandes communautés linguistiques francophones et anglophones dans un même idéal et une même appartenance. [Parce que] le Canada n'a pas réussi non plus à aménager en son sein les conditions qui auraient permis au Québec de se développer pleinement comme nation et comme société francophone responsable. Préconiser la souveraineté du Québec, c'est simplement prendre acte de cette incapacité prolongée, plusieurs fois démontrée. »

12. G. Bouchard, « Qu'est-ce qu'une nation ? », dans *Nationalité, citoyenneté et solidarité*, sous la dir. de Michel Seymour, Montréal, Liber, 1999, p. 465-478.

13. Il est difficile de déterminer, à partir de ce que Gérard Bouchard a écrit dans les textes qui sous-tendent ici notre réflexion, si l'auteur va jusqu'à considérer la nation comme « principe de totalisation des rapports sociaux dans un espace-temps configuré dans des formes nationales » (G. Bourque). Nous serions tenté de dire oui. Dans ce cas, et malgré les mises en garde dont Bouchard ponctue continuellement ses écrits, son projet interprétatif ne consisterait qu'à donner une dimension historique et prospective à la tautologie nationale dans laquelle s'enracinent sa pensée scientifique et son action civique.

14. Le lecteur attentif constatera qu'il est, dans ces dernières lignes, quelques glissements, voire quelques confusions, entre collectivité québécoise, nation québécoise, collectivité (franco-)québécoise et nation (franco-)québécoise. Ces

glissements sont voulus et reprennent ceux que contiennent les travaux récents de Gérard Bouchard. Aux questions : « De quoi parle-t-on lorsqu'on prend le Québec comme objet ? », et « À qui se réfère-t-on lorsqu'on emploie le terme de nation québécoise ? », les réponses données par l'historien sont souvent ambiguës. À notre avis, plutôt que d'exprimer une volonté de rendre l'expérience sociologique québécoise dans sa complexité irréductible, cette ambiguïté traduit la difficulté, pour l'auteur, de trouver une forme narrative qui réconcilie heureusement ses postulats scientifiques et politiques. Voir, à titre d'exemple, l'argumentation tout en louvoiements qu'il tient à propos de la nation au Québec et de la collectivité québécoise dans *Genèse des nations et cultures du nouveau monde. Essai d'histoire comparée,* Montréal, Boréal, 2000, p. 78 et ss.

15. Le concept de formation sociale du Québec est le nôtre.

16. Critiquant durement les tenants de la thèse du Québec comme nation civique doublée de quelques nations culturelles ou ethniques : canadienne-française, anglophone, amérindienne(s), Gérard Bouchard écrivait : « Cette conception [me] paraît devoir être rejetée parce qu'elle sert mal les intérêts du Québec et de ses citoyens. » (La réécriture de l'histoire nationale au Québec », p. 131.)

17. *Dialogue sur les pays neufs,* chap. 11 : « L'État ».

18. G. Bouchard, « L'avenir de la nation comme "paradigme" de la société québécoise », dans *Les Convergences culturelles dans les sociétés pluriethniques,* sous la dir. de Khadiyatoulah Fall *et al.,* Sillery, Presses de l'Université du Québec/CÉLAT, 1996, p. 159-168.

19. « La réécriture de l'histoire nationale au Québec… », p. 121.

20. Cette assertion ne vaut évidemment qu'au regard de la représentation globale du Québec. Pour Gérard Bouchard comme pour l'immense majorité des savants, l'histoire nationale reste un domaine parmi tant d'autres de la recherche historique et historienne.

21. *La Nation québécoise au futur et au passé,* p. 42-61.

22. Voir en particulier *Quelques arpents d'Amérique. Population, économie, famille au Saguenay, 1838-1971,* Montréal, Boréal, 1996.

23. Voir par exemple *L'Histoire comparée des sociétés neuves. Une autre perspective pour les études québécoises,* Grandes conférences Desjardins, Montréal, Université McGill, Programme d'études sur le Québec, 1999.

24. En témoigne éloquemment sa *Genèse des nations et cultures du nouveau monde.*

25. G. Bouchard, *L'Histoire comparée des collectivités neuves… ; id.,* « Le Québec et le Canada comme collectivités neuves. Esquisse d'étude comparée », *Recherches sociographiques,* 39, 2-3 (1998), p. 219-248 ; *id., Entre l'Ancien et le Nouveau Monde. Le Québec comme population neuve et culture fondatrice,* Ottawa, Presses de l'Université d'Ottawa, 1996 ; *Genèses des nations…,* chap. 1, 2 et 7.

26. Il va de soi que, dans ses travaux, Bouchard use des concepts de continuité et de rupture sur le mode très wébérien des « types idéaux ». À juste titre, il rappelle que, dans la pratique, le décrochage des collectivités neuves par rapport à

leur(s) métropole(s) a donné lieu à un grand nombre de variations historiques constituant autant de variantes de processus idéaux. Cela dit, pour les besoins de pertinence du modèle, ces variantes sont immanquablement rapportées aux catégories théoriques qui leur donnent un sens. Si bien que le parcours des collectivités neuves finit par être globalement envisagé sous l'angle de la continuité ou de la rupture.

27. Cela n'infère évidemment pas que l'historien soit sans perspective critique par rapport au processus historique de formation et d'édification des États-Unis d'Amérique.

28. « Le Québec et le Canada comme collectivités neuves…, p. 227. Pour une vision plus poussée de cette hypothèse, voir *Genèse des nations…*, p. 348-366.

29. « Le Québec et le Canada comme collectivités neuves… », p. 227. Voir aussi *Genèse des nations…*, chap. 4.

30. « Le Québec et le Canada comme collectivités neuves… », p. 227 ; *Genèse des nations…*, chap. 5 et p. 330-347.

31. *Genèse des nations…*, p. 313-329.

32. G. Bouchard, « Une nation, deux cultures. Continuités et ruptures dans la pensée québécoise traditionnelle (1840-1960) », dans *La Construction d'une culture. Le Québec et l'Amérique française*, sous la dir. de G. Bouchard, avec la collab. de Serge Courville, Sainte-Foy, Presses de l'Université Laval, 1993, p. 3-47 ; *id.*, « L'ethnographie au secours de la nation. Mobilisation de la culture populaire par les lettrés canadiens-français (1850-1900) », dans *Identité et cultures nationales. L'Amérique française en mutation*, sous la dir. de Simon Langlois, Sainte-Foy, Presses de l'Université Laval, 1995, p. 17-47 ; *id.*, « Le Québec comme collectivité neuve. Le refus de l'américanité dans le discours de la survivance », dans *Québécois et Américains. La culture québécoise aux XIXe et XXe siècles*, sous la dir. de G. Bouchard et Y. Lamonde, Montréal, Fides, 1995, p. 15-60.

33. C'est là le titre de la longue section portant, dans *Genèse des nations…*, sur l'analyse du cas québécois.

34. « Populations neuves, cultures fondatrices et conscience nationale en Amérique latine et au Québec », dans *La Nation dans tous ses états*, p. 45. Dans *Genèses des nations…*, ce même constat est repris pas moins de trois fois (p. 60, p. 173 et p. 369).

35. « La réécriture de l'histoire nationale… », p. 121.

36. G. Bouchard, *L'Histoire comparée des collectivités neuves, passim*. Pour un exemple convaincant des usages utiles du comparatisme dans les travaux de G. Bouchard en particulier, voir son texte « Le Québec comme collectivité neuve. Le refus de l'américanité dans le discours de la survivance », p. 31 et ss. L'argumentation présentée au chapitre 2 de *Genèse des nations…* est par ailleurs intéressante à plusieurs égards.

37. Expression empruntée à Ronald Rudin commentant lui aussi de manière critique la démarche comparative de G. Bouchard. Voir son article « Le rôle de

l'histoire comparée dans l'historiographie québécoise », dans *À propos de l'histoire nationale*, p. 103-113.

38. G. Bouchard, « Le Québec et le Canada comme collectivités neuves... », p. 231 et ss.

39. *Ibid.*

40. *Ibid.*, p. 232.

41. Voir à ce sujet notre article « La production historienne courante portant sur le Québec... ».

42. G. Bouchard, *Quelques arpents d'Amérique*; *id.*, « Marginality, Co-Integration and Change : Social History as a Critical Exercise », *Journal of the Canadian Historical Association*, New Series, vol. 8 (1998), p. 19-38.

43. À ce sujet, voir les travaux d'Yvan Lamonde.

44. Dans notre esprit, dire du parcours historique du Québec qu'il fut et reste singulier n'infère nullement que nous l'envisagions comme une exception.

45. G. Bouchard, *Entre l'Ancien et le Nouveau Monde. Le Québec comme population neuve et culture fondatrice*, Ottawa, Presses de l'Université d'Ottawa, 1995, p. 2. À noter que dans sa *Genèse des nations...* (p. 182), l'auteur semble revenir sur cette vision essentiellement pessimiste du parcours historique des Québécois en s'ouvrant, comme nous le préconisons nous-même, au caractère ambivalent de l'identité et de la culture québécoises. Dans une conclusion surprenante par rapport à son propos antérieur (et à ses ouvrages précédents), Gérard Bouchard affirme en effet que la culture québécoise se caractérise, peut-être, comme une culture d'interstices, soit une culture cherchant à se définir par des chemins obliques, s'abreuvant à toutes les sources proches et lointaines, mêlant et dissipant tous ses héritages pour se créer un lieu « bâtard », sorte de position d'être excentrique qui lui permettrait d'exprimer son insolence par rapport aux mondes lui ayant historiquement servi de références (se définir avec) et de repoussoirs (se définir contre). Voir *Genèse des nations...*, p. 182.

46. Voir ce que dit l'auteur (*La Nation québécoise au futur et au passé*, note 45, p. 149) à propos de la difficulté des Québécois de se détacher d'une conception biologique des origines collectives, ce qui expliquerait, à son avis, leur réserve à considérer les Amérindiens comme étant les « premiers Québécois ». Voir également ce qu'il écrit en conclusion de son texte *L'Histoire comparée des collectivités neuves*, p. 54-55 surtout.

47. L'argumentation déployée par l'auteur pour justifier sa position ouvrant à la contrefactualité est notamment développée dans son texte *L'Histoire comparée des collectivités neuves*, p. 52-53. Voir aussi *Genèse des nations...*, p. 49.

48. *Genèse des nations...*, p. 49.

49. G. Bouchard, « Pour une nation québécoise. Contre le retour d'une pensée ethnique », dans *Savoir et responsabilité*, sous la dir. de Michel de Sève et Simon Langlois, Québec, Nota Bene, 1999, p. 191-233 ; *id.*, « Manifeste pour une coalition nationale ».

50. Cette structure narrative ressort très manifestement dans son texte déjà cité :
« Le Québec et le Canada comme collectivités neuves… ». Elle est reprise sur
un mode plus didactique dans un petit ouvrage publié en collaboration avec
François et Guy Rocher, *Les Francophones québécois*, Montréal, Conseil scolaire
de l'île de Montréal, 1991, chap. 3, 4 et 10 surtout. On la retrouve aussi implicitement dans sa *Genèse des nations…*, chap. 3.

51. Ce constat est aussi celui de Ronald Rudin, qui prétend que, dans leur volonté
d'en finir avec une représentation du passé, les « révisionnistes » sont allés beaucoup trop loin dans l'élaboration d'une interprétation différente. On comprendra que les « intéressés » ont mal pris cette critique. Voir à ce sujet le débat
publié sous le titre « Y a-t-il une nouvelle histoire du Québec ? », *Bulletin d'histoire politique*, 4, 2 (1995), p. 3-74.

52. G. Bouchard, *Entre l'Ancien et le Nouveau Monde*, p. 9.

53. G. Bouchard, s'appuyant sur les travaux de John Hare, « Le Québec et le Canada
comme collectivités neuves… », p. 235.

54. G. Bouchard, *Entre l'Ancien et le Nouveau Monde*, p. 34.

55. Rappelons que, pour G. Bouchard, le passé n'a ni la propriété ni la propension
d'être fatalité. En clair, ce qui est advenu doit toujours être envisagé comme une
possibilité parmi d'autres qui auraient pu survenir. Il est donc concevable et
convenable, grâce notamment à la méthode comparative qui permet d'établir
un répertoire des possibles, d'appréhender le passé selon une perspective non
conforme à ce qu'il fut et, pour cette raison, de ne pas en assumer sa signature,
mais de porter plutôt un jugement sur le tracé de son accomplissement.

56. *La Nation québécoise au futur et au passé*, p. 140.

57. F. Dumont, *Raisons communes*, Montréal, Boréal, 1995, chap. 3. On sait à quel
point Gérard Bouchard, sur ce plan, conteste et contredit la vision du regretté
sociologue de l'Université Laval.

58. « La réécriture de l'histoire nationale au Québec… », p. 140.

59. G. Bouchard, « Une francophonie nord-américaine », *La Presse*, 7 mai 1998.

60. On sait que cette équation a été « formalisée » par Yvan Lamonde à la suite de
ses travaux sur l'histoire des idées au Québec.

61. *La Nation québécoise au futur et au passé*, p. 11-14.

62. *Ibid.*, p. 42-61.

63. *Ibid.*, p. 92.

64. « Jeter les souches au feu de la Saint-Jean », *Le Devoir*, 24 mars 1999.

65. Gérard Bouchard semble en être bien conscient lorsqu'il écrit, du bout de la
plume : « Nous pensons qu'il existe un espace collectif propre à fonder au Québec une nation culturelle — et aussi bien une culture ou une identité nationales — qui soit viable et légitime, compte tenu de la très grande flexibilité dont
il faut assortir ces notions. Cet espace est fragile, certes, il est dans une large
mesure en formation, mais il existe. » (*La Nation québécoise au futur et au passé*,
p. 63.)

66. Pour un propos nuancé à ce sujet, voir Denys Delâge, « Autochtones, Canadiens, Québécois », dans *Les Espaces de l'identité*, sous la dir. de L. Turgeon, J. Létourneau et K. Fall, Sainte-Foy, Presses de l'Université Laval, 1998, p. 280-301.

67. G. Bouchard (*La Nation québécoise au futur et au passé*, note 45, p. 149) rejette du revers de la plume cette objection en affirmant qu'il est possible d'établir une filiation entre Autochtones et non-Autochtones si tant est que l'on se détache d'une conception biologique des origines collectives. Il cite à cet égard les exemples des Mexicains et des Australiens qui, apparemment, auraient surmonté ce problème majeur d'altérité consistant à retransformer l'Autre d'hier, pourtant complètement étranger aux problématiques contemporaines de la nation, en un Soi-même pérenne. Comme si une telle opération de chirurgie historique, à l'éthique et à l'esthétique renversantes, effaçait ce que le passé avait produit dans son déroulement et donnait à l'histoire la chance de recommencer. Dans un article ultérieur (« Rectificatifs sur la nation, l'identité et la mémoire », *Le Devoir*, 5 mai 1999), l'auteur est un peu revenu sur sa position en disant que son propos visait davantage à poser le problème des jeux de mémoire qu'à émettre une opinion définitive sur la question de « nos ancêtres les Amérindiens ».

68. Profitons-en pour indiquer que nous partageons tout à fait le souhait de Bouchard de revoir la période du Régime français en dehors du schème habituel de l'« Âge d'or » et le Régime britannique en dehors de celui de la « Déchéance collective ». *Cf. La Nation québécoise au futur et au passé*, p. 111 et ss.

69. *Dialogue sur les pays neufs*, p. 188 et ss.

70. *Cf.* Serge Cantin, « J'impense, donc j'écris. Réponse à Jocelyn Létourneau », *Argument*, 1, 2 (printemps 1999), p. 139-142.

71. À ce sujet, voir Michel Seymour, « Plaidoyer pour la nation socio-politique », dans *Nationalité, citoyenneté et solidarité*, p. 153-167.

72. On aura remarqué que les dix dernières lignes reprennent presque intégralement un passage fort heureux de *La Nation québécoise au futur et au passé*, p. 67.

QUELLE HISTOIRE POUR L'AVENIR DU CANADA ?

1. Pour apprécier notre texte, y compris de manière critique, le lecteur devra accepter certains postulats qui fondent notre démarche, à savoir que le Canada, existant comme pays institué et aboutissement effectif d'une aventure historique, pose par conséquent, et de manière inévitable, le défi de sa mise en narration. En d'autres termes, quelle que soit la conception que l'on ait du Canada, on ne peut éviter d'en faire l'histoire sous la forme d'un récit qui en retrace les dynamismes et qui en propose une synthèse compréhensive. Cela dit, cette histoire peut évidemment se modeler selon différentes trames narratives et

interprétatives qui respectent tout à fait les principes d'une éthique scientifique. Dans ce contexte, quelle histoire préconiser ? Si tant est que l'on reconnaisse, comme c'est notre cas, que l'expérience historique canadienne (dans le cadre de laquelle prend place fondamentalement l'expérience historique québécoise) présente, malgré les vicissitudes et blessures qui l'ont marquée, un parcours suffisamment heureux pour être poursuivi, on est immédiatement interpellé par cette question, délicate mais incontournable, de la suite et du devenir possible de cette expérience historique. Dans la mesure où l'avenir des collectivités est toujours en partie déterminé par les horizons que lui ouvre ou que lui ferme le passé interprété, il s'ensuit que la mise en narration de l'ayant-été constitue un élément important, voire capital, de l'entreprise politique de préparation de l'avenir des collectivités. D'où l'intérêt de la question soulevée dans ce texte : quelle histoire pour un avenir souhaitable du Canada ?

2. Une exception récente : le grand colloque, organisé en janvier 1999 à Montréal par l'Institut d'études canadiennes de l'Université McGill, sur le thème « L'avenir de notre passé ». De même, le vol. 1 : *Un passé, un avenir,* du *Rapport de la Commission royale sur les peuples autochtones,* Ottawa, 1996.

3. Pour une position semblable, voir l'introduction générale (p. 4-5 notamment) de l'ouvrage intitulé *Si je me souviens bien / As I Recall,* avec John Meisel, Guy Rocher et Arthur Silver, Montréal, IRPP, 1999.

4. Hannah Arendt, *Considérations morales,* Paris, Payot, 1996 [1971].

5. Voir son article « Histoire et rhétorique », *Diogène,* n° 168 (octobre-décembre 1994), p. 9-26. Voir aussi sa trilogie *Temps et récit,* Paris, Seuil, 1985-1988.

6. Dans ce texte, l'usage du terme « grand récit national » n'infère absolument pas que nous envisagions le Canada sous l'angle de la nation. En fait, cette question ne nous intéresse pas ici. Faire l'histoire de la nation canadienne ne nous semble pas plus juste, sur les plans scientifique et politique, que faire l'histoire de la nation québécoise au sens où l'entend un Gérard Bouchard par exemple. Dans notre esprit, « grand récit national » n'est qu'une façon différente de dire, par coquetterie de style avant tout, grand récit synthétique de l'expérience historique canadienne — et donc du Canada.

7. Ce désarroi a pris trois formes : soit une critique du contenu du récit lui-même, soit une lamentation par rapport aux insuffisances des connaissances historiques des Canadiens, soit une dénonciation du contrôle effectué par les médias américains sur la mémoire des jeunes par le biais de la télévision notamment.

8. *Cf.* Michael Bliss, « Privatizing the Mind : The Sundering of Canadian History, The Sundering of Canada », *Journal of Canadian Studies,* 26, 4 (hiver 1991-1992), p. 5-17 ; Jack Granatstein, *Who Killed Canadian History ?,* Toronto, Harper Collins, 1998, chap. 4. Pour une position nettement plus nuancée, voir Doug Owram, « Narrow Circles : The Historiography of Recent Canadian Historiography », *National History : A Canadian Journal of Enquiry and Opinion,* 1, 1 (1997), p. 5-21.

9. Carl Berger, *The Writing of Canadian History. Aspects of English Canadian Historical Writing Since 1900*, Toronto, Oxford University Press, 1986, chap. 11 ; *id.*, « Writings in Canadian History », dans *Literary History of Canada : Canadian Literature in English*, sous la dir. de W. H. New, 2ᵉ édition, vol. 4, Toronto, University of Toronto Press, 1990, p. 293-332. On se souviendra que ce sont notamment Ramsay Cook et J. M. S. Careless qui, dans des articles en quelque sorte programmatiques (Cook : « Canadian Centennial Celebrations », *International Journal*, 22, 4, automne 1967, p. 663 ; Careless : « Limited Identities in Canada », *Canadian Historical Review*, 50, 1, 1969, p. 1-10), avaient amorcé et légitimé en même temps le virage pluraliste de l'historiographie canadienne.

10. Cela fut particulièrement évident dans le cas de l'histoire des groupes ethniques et des communautés culturelles. Voir à ce sujet Roberto Perrin, « Writing About Ethnicity », dans *Writing About Canada : A Handbook for Modern Canadian History*, sous la dir. de J. Schultz, Scarborough (Ont.), Prentice Hall, 1990, p. 201-230 ; *id.*, « National Histories and Ethnic History in Canada », *Cahiers de recherche sociologique*, 20 (1993), p. 113-128.

11. Voir les critiques particulièrement vives et justes qui ont été faites des positions exprimées par J. L. Granatstein dans *Who Killed Canadian History?* : Graham Carr, « Harsh Sentences : Appealing the Strange Verdict of *Who Killed Canadian History?* », *American Review of Canadian Studies*, 28, 1-2 (printemps-été 1998), p. 167-176 ; A. B. McKillop, « Who Killed Canadian History? A View From the Tranches », *Canadian Historical Review*, 80, 2 (juin 1999), p. 269-299.

12. Pour des exemples de « réponses » insatisfaisantes ou limitées, voir le débat publié sous le titre « Sundering Canadian History », *Revue d'études canadiennes*, (été 1992), p. 123-135 ; voir aussi Veronica Strong-Boag, « Contested Space : The Politics of Canadian Memory », *Revue de la Société d'histoire du Canada*, nouv. série, 5 (1994), p. 3-17.

13. À noter que de plaider pour l'histoire nationale n'implique nullement que l'on déprécie les autres genres d'histoire ou que l'on banalise ces actions, phénomènes, processus, etc., qui, tout en étant survenus sur le territoire national, ne furent pas d'ordre national. Le passé, c'est un truisme de le rappeler, est une matière infiniment complexe et fine qui ne se soumet pas complètement ni même principalement à l'ordre narratif de la nation. À maints égards, le concept de nation n'est d'ailleurs pas nécessairement le plus fécond ni le plus subtil pour apprécier, embrasser et restituer le passé d'une collectivité. Cela étant dit, le défi de faire l'histoire synthétique du Canada, dans la mesure où cette entreprise est légitime et importante (*cf.* note 1), demeure à l'ordre du jour.

14. Jean-Marc Fecteau, « Entre la quête de la nation et les découvertes de la science. L'historiographie québécoise vue par Ronald Rudin », *Canadian Historical Review*, 80, 3 (septembre 1999), p. 454 et ss surtout.

15. Le lecteur aura compris que notre propos concerne ici les « synthèses pluralistes » et non pas les monographies qui s'inscrivent dans le courant de

l'histoire pluraliste. Sur les secondes, nous n'avons guère à redire. Jamais il ne nous viendrait à l'idée de discréditer un travail sous prétexte qu'il n'a aucune retombée d'ordre métahistorique ou qu'il n'a pas d'intérêt du point de vue de l'histoire nationale. Dans notre esprit, toutes les recherches sur tous les sujets sont valables pour autant qu'elles soient menées avec rigueur. Par ailleurs, il est important de préciser que notre critique des écrits de synthèse pluralistes ne porte pas sur la qualité du travail scientifique des auteurs, mais sur le caractère non satisfaisant, *au regard des enjeux posés par le mode du souvenir dans une société en quête de représentations heureuses et porteuses d'elle-même*, des trames narratives employées pour rendre le passé du Canada.

16. Plusieurs voix, par ailleurs ouvertes à l'histoire pluraliste, ont mis en lumière le fait que, si l'on avait déconstruit l'ancien paradigme narratif du Canada, aucune métavision de remplacement n'avait été proposée. En réalité, le glissement et la « déperdition » n'ont pas été complets. Si la perspective des « identités partielles » prévaut maintenant avec plus ou moins d'ampleur dans toutes les histoires du Canada, les grands paramètres de l'histoire connue du Canada restent en place. Plutôt que d'être centraux dans la structuration du récit, ces paramètres, y compris la chronologie « traditionnelle » qui leur sert de soutien temporel, servent toutefois de balises à la mise en place du nouveau récit qui prend souvent la forme de microrécits thématiques n'obéissant pas à la seule temporalité progressive de la construction du Canada. À ce sujet, voir la contribution de Gerald Friesen au débat intitulé « New Wine or Just New Bottles ? A Round Table on Recent Texts in Canadian History », *Journal of Canadian Studies*, 30, 4 (hiver 1995-1996), p. 175-180.

17. Il est une rengaine commune à tous les praticiens de l'histoire pluraliste : celle d'échapper aux visions orientées des récits traditionnels qui ne donnaient voix qu'aux hommes, qu'aux politiciens, qu'aux militaires, qu'au Canada central, qu'aux majorités et qu'à la nation dans la progression de son accomplissement. Cette critique n'est pas fausse. Est-ce une raison pour abandonner toute prétention à organiser la matière du passé sous la forme d'un récit fort de l'expérience historique canadienne ?

18. On sait à quel point ce projet fut porté par les Lower, Creighton et Morton, chacun à sa façon.

19. J. L. Granatstein, *op. cit.*

20. *Cf.* Ramsay Cook, *Canada, Quebec and the Uses of Nationalism*, Toronto, McClelland & Stewart, 1986 [1966]. Voir également R. Bothwell, I. Drummond et J. English, *Canada Since 1945. Power, Politics and Provincialism*, Toronto, University of Toronto Press, 1981.

21. Dans sa contribution à l'ouvrage *Penser la nation québécoise* (sous la dir. de M. Venne, Montréal, Québec-Amérique, 2000), Charles Taylor mentionnait, à juste titre, qu'il était essentiel que les Québécois (francophones de souche) en finissent, pour envisager l'avenir du Québec, avec leurs « mythes essentia-

listes ». La même semonce pourrait être servie au Canada (anglophone) à propos de ses propres « mythes essentialistes », à savoir, notamment, la tolérance, la supériorité du modèle fédératif et le respect soutenu des droits. L'histoire canadienne démontre en effet clairement la fragilité de ces trois repères identitaires.

22. On sait que, pendant longtemps, une bonne partie des Canadiens d'origine anglo-celtique, familièrement nommés Canadiens anglais, se sont perçus comme partie prenante d'une espèce de diaspora, ce qui explique largement leur rapport à la mère patrie et leur volonté de faire du Canada une entité organiquement liée à l'Empire puis au Commonwealth. Au lendemain de la Conquête anglaise, on ne doit jamais l'oublier, le Canada s'édifie, comme entreprise coloniale, en réaction à la Révolution américaine et au mouvement embryonnaire de décolonisation qui inquiète plus d'un loyaliste.

23. Il est illusoire de vouloir faire une histoire du Canada qui n'admette pas les tentatives fréquentes, pour ne pas dire continuelles, d'assimilation, de minorisation, de marginalisation, d'excentration ou d'affaiblissement des francophones par les pouvoirs anglais, notamment à l'extérieur du Québec. Il en a été de même à l'égard des Autochtones qui, toutefois, ne furent pas saisis ni désignés historiquement par le statut de minorité, mais par celui de « protégés de la Couronne ». Le cas des Métis fut « résolu » autrement, soit par la répression de leur groupement et l'écrasement violent de leur volonté d'intégration distinctive au dominion du Canada.

24. Cette assertion demeure vraie surtout pour les Québécois francophones d'héritage canadien-français qui, concentrés sur un territoire institué en province, ont pu s'élever, dans le paysage canadien, comme un groupement indélogeable et inassimilable. Cette possibilité ne fut pas celle des Canadiens français vivant hors Québec, et ce, en dépit de leur résistance. C'est pourquoi, de nos jours, les francophones dispersés à travers le pays — les Acadiens du Nouveau-Brunswick exceptés — ne constituent pas, contrairement aux Québécois, de force(s) politique(s) majeure(s), seulement des groupes de pression provinciaux plus ou moins écoutés qui peuvent s'appuyer sur une certaine tradition de la biculturalité au pays, sur la politique fédérale des langues officielles et sur le droit des minorités au Canada. À ce sujet, voir *Francophonies minoritaires au Canada : l'état des lieux*, sous la dir. de J.-Yvon Thériault, Moncton, Éditions d'Acadie, 1999.

25. *Cf.* Kenneth McRoberts, *Misconceiving Canada. The Struggle for National Unity*, Toronto, Oxford University Press, 1997.

26. Cette affirmation mériterait évidemment d'être développée. En pratique, les effets de la politique sur le multiculturalisme (sur l'interculturalisme au Québec) font que la diversité réussit effectivement à s'exprimer dans l'espace social du Canada, mais sans remettre en cause la puissance structurante de la dualité au pays. Par folklorisation de la diversité, nous entendons qu'il est difficile, pour

un groupement culturel qui ne dispose pas d'une masse critique de locuteurs dans un espace circonscrit, de persister au-delà d'une mise en représentation fétichisée de lui-même dans le théâtre de la symbolique publique.

27. À ce sujet, voir Daniel Francis, *National Dreams. Myth, Memory and Canadian History,* Vancouver, Arsenal Pulp Press, 1997, chap. 4.

28. Il va de soi que ce sont des pouvoirs et des groupements d'acteurs à la recherche d'espace de déploiement et de rayonnement qui ont animé et animent toujours ces rapports de force au centre desquels se situe nécessairement, depuis 1867, le gouvernement fédéral, instance constituant elle-même un lieu et une structure importante de pouvoir. Précisons par ailleurs que, selon notre vision des choses, c'est en s'arrimant à des pouvoirs « canadiens » qui les ont portés et entretenus que les pouvoirs « extérieurs » ont pu orienter en partie le devenir du pays, notamment depuis le milieu du XIXe siècle.

29. Doug Owram, *loc. cit.*; Roger Hall, « Whose History? Regarding Canada's History on Canada Day : The Consensus Is That There Is No Consensus », *The Globe & Mail,* 28 juin 1997.

30. Pour un exemple de ce genre de démarche, voir M. Conrad, A. Finkel *et al., History of the Canadian Peoples,* nouv. éd., Toronto, Copp Clark Pitman, 1999, 2 vol.; J. M. Bumsted, *The Peoples of Canada,* Toronto, Oxford University Press, 1992, 2 vol.; *Encyclopedia of Canada's Peoples,* sous la dir. de Paul-Robert Magosci, Toronto, University of Toronto Press, 1999.

31. À ce propos, voir Jean-Paul Bernard, « L'historiographie canadienne récente (1964-1994) et l'histoire des peuples du Canada », *Canadian Historical Review,* 76, 3 (septembre 1995), p. 321-353.

32. *Ibid.*

33. Il va de soi que, dans le contexte canadien, les francophones du Québec constituent une minorité. La très forte concentration de francophones dans les limites circonscrites et instituées du Québec fait toutefois des Franco-Québécois une majorité qui, en dépit de son déclin démographique continuel à l'échelle du Canada, ne connaît pas, bien au contraire, de perte de son importance politique, de sa force d'attraction culturelle et de sa capacité d'intégration, voire d'assimilation. En ce sens, il reste tout à fait pertinent d'envisager les Québécois comme formant une majorité au pays, majorité d'ailleurs de plus en plus rassembleuse de tous les habitants de la province. Nous reviendrons sur ce point dans le dernier texte de l'ouvrage.

34. Nous nous entendons sur le fait que l'adhésion religieuse peut, dans certains cas, ralentir considérablement, voire modifier, un processus quelconque de désethnicisation et de réacculturation.

35. À une différence majeure près : la dualité structurante du Canada, bien que toujours rendue possible par le facteur linguistique, tend maintenant à se désethniciser rapidement et à se recomposer autour de la référence territoriale : d'un côté le Québec, de l'autre le Canada hors Québec.

36. *Rapport de la Commission royale sur les peuples autochtones*, vol. I : *Un passé, un avenir*, Ottawa, 1996, p. 15 et ss.

37. Denys Delâge, « L'influence des Amérindiens sur les Canadiens et les Français au temps de la Nouvelle-France », *Lekton*, 2, 2 (1992), p. 103-191 ; Olive Dickason, *First Nations : A History of Founding Peoples from Earliest Times*, Toronto, McClelland & Stewart, 1992.

38. *Rapport de la Commission royale sur les peuples autochtones*, p. 45-103 ; Bruce G. Trigger, « The Historian's Indian : Native Americans in Canadian Historical Writing From Charlevoix to the Present », *Canadian Historical Review*, 67, 3 (1986), p. 315-342.

39. Denis Vaugeois, « Commentaires d'historien à partir du Rapport Erasmus-Dussault », *Recherches amérindiennes du Québec*, 27, 3-4 (1997), p. 123.

40. Cette remarque rejoint jusqu'à un certain point le propos de Sylvie Vincent, « La version de l'Histoire présentée par la Commission royale [sur les peuples autochtones] permet-elle une meilleure compréhension entre Autochtones et non-Autochtones ? », *Recherches amérindiennes du Québec*, 27, 3-4 (1997), p. 124-128.

41. Pour une position semblable, voir Louis-Edmond Hamelin, *Passer près d'une perdrix sans la voir, ou attitudes à l'égard des Autochtones*, Montréal, Université McGill/Programme d'études sur le Québec, 1999. Pour une position plus excentrique, voir Georges E. Sioui, *Pour une histoire amérindienne de l'Amérique*, Sainte-Foy, Presses de l'Université Laval, 1999 [1989].

42. Dans une structure fédérative renouvelée ou un cadre de souveraineté-partenariat, voici une question qui ne nous intéresse pas ici.

43. Au Canada, le métropolitanisme s'est toujours articulé à une ou des structures régionalistes (et/ou provincialistes) assez fortes tout en étant continuellement restreintes, dans ses prétentions hégémoniques, par ces mêmes structures.

44. Voir les précisions apportées à la note 24.

45. Est-il d'ailleurs absolument nécessaire de parler de « groupes » ou de « peuples fondateurs » pour se référer à l'épisode formel de l'avènement du Canada comme État ? L'institution de la confédération s'est en fait inscrite dans un contexte économique et politique précis permettant à bien des acteurs de trouver une solution empirique aux impasses appréhendées de leur devenir. À l'époque de la Confédération, le Canada-Uni était déjà structurellement marqué par le dualisme linguistico-culturel. Les dispositions de l'AANB n'entraveront nullement la réalité et la vitalité de cette donnée. Délaisser la notion de « peuples fondateurs » n'implique absolument pas que l'on cesse de reconnaître que le Canada s'est historiquement formé et élevé sur le socle de la dualité.

46. Que les Amérindiens, par exemple, se désignent par le terme de Premières Nations n'implique absolument pas qu'ils adhèrent à l'identité canadienne. En vérité, l'identification canadienne des Autochtones est bien davantage un attribut supposé ou prêté aux « désignés » qu'une réalité endossée ou assumée par les intéressés.

47. Denys Delâge, « Autochtones, Canadiens, Québécois », dans *Les Espaces de l'identité*.

48. La création récente d'un nouveau territoire administratif et politique au Canada, le Nunavut, dont la population est très majoritairement formée d'Autochtones (Inuit), d'une part, et l'accord que vient de conclure le gouvernement fédéral avec les Nisga'a de la Colombie-Britannique, d'autre part, sont vus de manière positive par bien des observateurs.

49. *Cf. Transferts culturels et métissages, Amérique/Europe, XVIe-XXe siècle*, sous la dir. de L. Turgeon, D. Delâge et R. Ouellet, Sainte-Foy, Presses de l'Université Laval, 1996.

50. À noter que ce projet serait équivalent à celui d'écrire une histoire autochtone du Canada qui aurait pour objectif de décrire et de montrer comment l'élévation du Canada en tant que projet, pays et État a été perçue et vécue par les Autochtones. Nous nous entendons par ailleurs sur le fait qu'écrire une histoire autochtone des Autochtones est, ou serait, une entreprise bien différente de celles auxquelles nous venons de faire référence — ne serait-ce que parce que la conception de l'histoire chez les Autochtones n'est pas la même que celle qui prévaut chez les non-Autochtones et parce que le facteur non autochtone et celui du Canada n'épuisent ni la complexité ni la totalité du passé des Autochtones. À ce sujet, voir Sylvie Vincent, *loc. cit.*

51. *Ibid.*

52. Pour reprendre le titre d'un manuel d'histoire publié à l'époque du centenaire de la Confédération : P. G. Cornell, J. Hamelin, F. Ouellet et M. Trudel, *Canada : Unity in Diversity* (Toronto, Holt, Rinehart & Winston, 1967). Il est intéressant de constater le « glissement » subi par le titre de l'ouvrage dans sa traduction française : *Canada : unité et diversité* (Montréal, Holt, Rinehart & Winston, 1968). Je remercie Christian Laville de m'avoir éveillé à ce détail…

LE SORT DU PASSÉ

1. Formulation empruntée à Jean-Philippe Warren, *Un supplément d'âme. Les intentions primordiales de Fernand Dumont (1947-1970)*, Sainte-Foy, Presses de l'Université Laval, 1998, p. 10.

2. Entre autres, Louis Cornellier, « Jacques Godbout est-il vraiment "une belle guidoune" ? », *Les Cahiers d'histoire du Québec au XXe siècle*, 7 (printemps 1997), p. 206-209 ; Serge Cantin, « La fatigue culturelle de Jacques Godbout », *Liberté*, n° 206, vol. 35, n° 2 (avril 1993), p. 3-37.

3. Jacques Godbout, *Le Sort de l'Amérique* [script et scénario], Paris/Montréal, K-Films/Boréal, 1997, p. 26. Sauf exception, toutes les citations et mentions du présent texte renvoient aux pages de cet ouvrage.

4. Philippe Falardeau est caméraman. Avec Jacques Godbout et René-Daniel Dubois, il a participé à la recherche et au scénario du documentaire.

5. Voir ses répliques, p. 33.

6. Voir ses répliques, p. 17, 32 et 54.

7. Voir sa réplique, p. 33.

8. *Le Sort de l'Amérique,* p. 56.

9. Voir sa réplique, p. 56.

10. L'idée des langoliers comme dévoreurs d'identité et de présence nous est venue à la suite du visionnement d'une télésérie fondée sur un récit fantastique de Stephen King.

11. Dans le documentaire (p. 46-48 du script), Laurier Lapierre, historien et communicateur, présente une version iconoclaste de la bataille des plaines d'Abraham. Selon ses vues, cet événement aurait marqué la défaite des Français contre les Anglais. La bataille n'aurait pas entraîné la déroute des Canadiens que l'on doit absolument distinguer des Français dans la suite de l'histoire du Canada. Pour plus de détails sur la position de Lapierre, voir son ouvrage intitulé *1759. La Bataille du Canada,* Montréal, Le Jour, 1992.

12. Voir sa réplique, p. 33. Mentionnons que Godbout est loin d'être clair lorsqu'il affirme qu'il faut mentir pour dire la vérité des choses. Cette formulation impressionniste peut être entendue de bien des façons. Personnellement — et sans inférer par là, au contraire, que ce soit la thèse implicitement défendue par le cinéaste dans son scénario —, nous n'endossons pas l'idée selon laquelle il serait possible de concevoir et d'élaborer une histoire utile comme on prononce un mensonge utile, soit à des fins politiques supérieures et heureuses. De notre point de vue, il ne peut y avoir d'histoire mensongère qui puisse fonder une entreprise de (ré)conciliation politique ou qui puisse enfanter un bonheur durable. Fort d'une position intellectuelle empreinte de rigueur, le défi de l'interprétant consiste plutôt à découvrir le fil narratif qui empêche l'oubli en même temps qu'il pose les conditions d'un dépassement des blessures ; le fil conducteur, donc, qui interdit le pardon en même temps qu'il le rend inéluctable.

POUR UNE RÉVOLUTION DE LA MÉMOIRE COLLECTIVE

1. *Ce pays comme un enfant. Essais sur le Québec (1988-1996),* Montréal, L'Hexagone, 1997.

2. Par Québécois, nous entendons exclusivement, dans ce texte, le groupe des francophones habitant la province et connaissant ou reconnaissant les canons historiques et mémoriels par lesquels ce groupe se souvient de lui-même, se dit et se représente face aux autres. Parlons pour nommer ce groupement par

référence, comme il est dit dans le titre du texte, de Québécois d'héritage canadien-français.

3. Pour emprunter une formule particulièrement forte et émouvante de Cantin.

4. « L'avenir de la nation comme "paradigme" de la société québécoise », p. 166.

5. « Des universitaires sur la planète Hollywood », *Le Devoir*, 12 août 1998. Dans son article, Cornellier fustigeait la naïveté d'un groupe d'intellectuels recon-naissant, sondage à l'appui, l'américanité des Québécois, ce qui était pour lui le signe d'une complaisance irresponsable de la part de ceux — les intellec-tuels — qui avaient le devoir de se dresser contre l'aliénation néocoloniale.

6. F. Dumont, *La Vigile du Québec. Octobre 1970 : l'impasse ?*, Montréal, Hurtubise HMH, 1971, p. 10.

7. Nous entendons par pays la culture s'exprimant et existant dans un lieu réel ou virtuel. Aimer le pays, c'est se responsabiliser devant la culture, donc auprès du groupe qui se déploie dans un espace géographique ou symbolique de réunion.

8. Par « grands intellectuels », nous entendons ceux qui ont édifié la Référence nationale et qui sont reconnus comme tels dans la conscience commune. Par intellectuels, nous évoquons tous ceux qui, de par leur position ou vocation, produisent la parole publique, la nourrissent, lui donnent forme, lui font écho, etc.

9. User du concept de société globale, c'est, en tant qu'observateur, se donner le moyen de voir comment une société s'intègre dans une représentation globale d'elle-même. C'est aussi, inévitablement, proposer une définition globale de cette société qui participe du processus de construction de la représentation globale de cette société. Entre la société en tension continuelle avec elle-même et sa représentation globale, il s'établit un rapport heureux ou fâcheux qui est continuellement travaillé par des acteurs en demande, en offre et en attente de nouvelles références. C'est ainsi que les représentations de la société globale se succèdent comme les sociétés évoluent, et ce, à des rythmes tantôt convergents, tantôt divergents.

Au Québec, la petite histoire du concept de société globale est intéressante à suivre. Elle a été récemment résumée par Gilles Bourque, Jules Duchastel et André Kuzminski. « Introduit, écrivent-ils, durant les années 1950 dans les débats qui portaient sur la pertinence de l'utilisation du concept de *folk society* pour comprendre la francophonie québécoise, le concept de société globale a permis, durant les années 1960, d'opérer le déplacement de la notion de "société canadienne-française" à celle de "société québécoise". Il ne s'agissait plus de penser l'ethnie canadienne-française à l'intérieur du Canada comme "société", mais de produire l'objet Québec comme société globale et, le plus souvent, comme un État-nation potentiel. » *Cf.* « Les grandeurs et les misères de la société globale au Québec », *Cahiers de recherche sociologique*, 28 (1997), p. 8.

10. Sur ce concept, voir ce que nous avons écrit entre les pages 81 et 84.

11. *Genèse de la société québécoise*, p. 335-336.

12. « Si je vivais en France ou en Grande-Bretagne, je ne serais pas nationaliste, mais ici, je le suis par nécessité, devant la fragilité de ma société en Amérique du Nord. Je récuse la prétention qu'on ne puisse être nationaliste et humaniste. » (Citation tirée de l'article de Pierre Cayouette, « Fernand Dumont, un phare pour la société québécoise », *Le Devoir*, 3-4 mai 1997.)

13. Sans insister outre mesure sur la conception dumontienne de la nation, disons que celle-ci y était envisagée sous l'angle de la communauté humaine et politique à relent utopique plutôt que comme une entité juridique strictement liée ou inféodée à la structure de l'État. La « vigilance nationaliste » à laquelle Dumont appelait notamment les intellectuels visait à la protection de la première. Le sort de la seconde l'intéressait apparemment moins, surtout quand son avenir était lié à de bas intérêts partisans. On admettra que cette position et que cette distinction, admirables en théorie, deviennent moins limpides dans la pratique. Sur ces questions, voir l'ouvrage *Raisons communes,* chap. 3.

14. On comprendra que réfléchir *à partir d'un lieu* et non pas *sur un objet* n'implique nullement l'absence de disposition critique chez l'intellectuel, non plus que la soumission de sa vigilance « nationaliste » à quelques bas intérêts partisans. Il n'en reste pas moins qu'il s'agit d'une position délicate. À ce sujet, voir F. Dumont, *Raisons communes,* chap. 10 et 11.

15. Nous parlons de transcendance au sens de dépassement, d'avancement, d'élévation, et ce, sans connotation téléologique, théologique, mystique ou autre.

16. « Ce pays comme un enfant », dans Serge Cantin, *op. cit.,* p. 15.

17. À la lumière néanmoins de l'atmosphère qui surplombe l'argumentation et le propos de Cantin dans tout son ouvrage.

18. C'est là la signification originelle du mot enfant. On sait par ailleurs comment l'idée d'une « misère à être » et celle d'une « misère à dire et à se dire » sont prégnantes chez Dumont pour décrire la condition identitaire des Québécois d'héritage canadien-français, groupement marqué par une sorte de silence aliéné et aliénant qui témoigne, selon le sociologue, de son repoussement ou de sa « mise en réserve » dans l'histoire.

19. Intellectuel au sens de celui qui a le devoir de dire comme d'autres ont la charge de faire.

20. Cette idée selon laquelle le Québec français n'a pas encore atteint le stade adulte, pour des raisons liées à l'assimilation d'une conscience négative de soi, a été effectivement avancée par Dumont. Nous citons : « Mais le long colonialisme que nous avons subi, nos nostalgies et nos envies envers la France et les États-Unis, une fausse conscience de soi n'étaient-ils pas une pitoyable insertion dans le monde ? Un peuple qui refuse d'être adulte par mépris de lui-même est un mauvais partenaire. » (*Raisons communes,* p. 75.)

21. F. Dumont, « Le père et l'héritage », *Interprétation*, 3, 1-2 (janvier-juin 1969), p. 11-23.

22. Jean Royer, « Le poète de la "part de l'ombre" », *Le Devoir*, 10-11 mai 1997.
23. F. Dumont, *Parler de septembre*, Montréal, L'Hexagone, 1970.
24. F. Dumont, *Raisons communes*, p. 245.
25. *Ibid.*, chap. 10.
26. F. Dumont, *L'Avenir de la mémoire*, Québec, Nuit Blanche, 1995, p. 17-18.
27. F. Dumont, *Récit d'une immigration*, Montréal, Boréal, 1997, p. 172.
28. *Ce pays comme un enfant*, p. 189.

QUOI TRANSMETTRE ?

1. J. Létourneau, « La production historienne… ».
2. C'est le réexamen de l'expérience historique québécoise dans cette veine interprétative que décrit (et critique) Ronald Rudin dans son fameux article déjà cité « La quête de la société normale… ».
3. Pour une vision détaillée des modalités du développement économique et social des différents espaces régionaux du Québec, voir la série d'ouvrages publiés par l'IQRC et, par la suite, par l'INRS-Société et culture dans la collection « Régions du Québec ».
4. Voir à ce sujet Lucia Ferretti, *Brève histoire de l'Église catholique au Québec*, Montréal, Boréal, 1999.
5. Le hockeyeur Maurice Richard, que les Québécois ont extraordinairement honoré au moment de son décès, ne fut-il pas la figure archétypale du rebelle ?
6. Dans notre esprit, le concept de génération ne fait pas principalement référence à un critère d'âge — encore que ce critère ne soit pas résiduel —, mais à la situation des acteurs par rapport à ce complexe factuel, de l'ordre des événements et des représentations, que l'on appelle la Révolution tranquille. Sur cette base, on distinguera entre les pères de cette révolution et le(ur)s héritiers, l'un et l'autre groupes étant animés par un imaginaire et un identitaire qui, tout en se croisant, sont néanmoins irréductibles l'un à l'autre.
7. Les prochains paragraphes reprennent certains éléments d'une problématique mise à l'essai dans un ouvrage par ailleurs en chantier.
8. Le lecteur comprendra que nous concentrons ici notre attention exclusivement sur le groupe des Québécois d'héritage canadien-français, groupe dont l'histoire ne peut être apparentée, tout en y étant évidemment liée, à celle des « francophonies canadiennes ».
9. À ce sujet, voir F. Dumont, *Genèse de la société québécoise*.
10. Pour une position nuancée à propos de la conjoncture politique des années 1830 dans le Bas-Canada, voir Allan Greer, « Rebellion Reconsidered », *Canadian Historical Review*, 76, 1 (1995), p. 1-18 ; Yvan Lamonde, « L'ambivalence historique du Québec à l'égard de sa continentalité : circonstances, raisons et

signification », dans *Québécois et américains. La culture québécoise aux XIXe et XXe siècles*, p. 61-84.

11. Pour la période qui va de 1867 à 1917, voir l'entrevue réalisée par Gilles Gougeon auprès de Réal Bélanger et publiée dans G. Gougeon, *Histoire du nationalisme québécois. Entrevues avec sept spécialistes,* Montréal, VLB-SRC, 1993, p. 51-86.

12. *Francophonies canadiennes : l'état des lieux.*

13. Pierre E. Trudeau, « Some Obstacles to Democracy in Quebec », *Canadian Journal of Economics and Political Science,* 24, 3 (août 1958), p. 297-311 ; de même, « La province de Québec au moment de la grève », dans *La Grève de l'amiante,* sous la dir. de P. E. Trudeau, Montréal, Éditions du Jour, 1970 [1956], p. 3-91.

14. Pour Trudeau, réformer le fédéralisme ne signifiait pas accueillir l'ambivalence des Québécois (d'héritage canadien-français). Il s'agissait au contraire de favoriser toujours davantage, voire de forcer au besoin, leur intégration gagnante et paritaire au Canada. C'est cette logique d'un salut forcé par le Canada, pays des Québécois, qui anime, depuis un certain temps, la croisade des Chrétien et Dion contre la tendance des Québécois à se lover dans le creux des ancrages croisés. À ce sujet, voir Stéphane Dion, *Le Pari de la franchise. Discours et écrits sur l'unité canadienne,* Montréal/Kingston, McGill/Queen's, 1999.

15. Pour plus de détails sur cette façon de voir les choses, voir J. Létourneau, « La Révolution tranquille, catégorie identitaire du Québec contemporain », dans *Duplessis. Entre la Grande Noirceur et la société libérale,* p. 95-118.

16. René Lévesque, *Option Québec,* Montréal, Éditions de l'Homme, 1968.

17. À ce chapitre, voir la série d'articles publiés dans *The Gazette,* entre le 29 mai et le 5 juin 1999, sous le titre général de « The New Anglos ».

18. Sherry Simon, « Les solitudes abolies », *Le Devoir,* 27-28 novembre 1999.

19. Richard Nadeau et Jean-Marc Léger, « L'appui à la souveraineté croît avec l'inquiétude linguistique », *Le Devoir,* 27 avril 2000.

20. D'après Statistique Canada, *Emploi et salaires et traitements dans le secteur public* [Catalogue 72-209].

21. Selon le titre d'un ouvrage du controversé essayiste.

22. J. Létourneau, « La nouvelle figure identitaire du Québécois. Essai sur la dimension symbolique d'un consensus social en voie d'émergence », *British Journal of Canadian Studies,* 6, 1 (1991), p. 17-38.

23. Pour des bribes d'histoire sur cet aphorisme, qui n'a pas été inventé par Lesage, voir Dale C. Thomson, *Jean Lesage et la Révolution tranquille,* Montréal, Trécarré, 1984, p. 157.

24. Pour une compréhension plus riche encore de la pensée de Jean Lesage et des orientations du PLQ en matière constitutionnelle, voir Dale C. Thomson, *op. cit. ;* Vincent Lemieux, *Histoire du Parti libéral du Québec,* Sainte-Foy, Presses de l'Université Laval, 1997 ; Claude Morin, *Mes premiers ministres,* Montréal, Boréal, 1991.

25. En pratique, il semble que des sociabilités constitutives de la société québécoise émerge « seulement », pour le moment du moins, une collectivité empirique désireuse de vivre un bonheur prosaïque.

26. Max Nemni, « Le mythe du fédéralisme renouvelé est mort », *Le Devoir*, 18 octobre 1999.

27. Par exemple : Reed Scowen, *Le Temps des adieux*, Montréal, VLB, 1999 ; David J. Bercuson et Barry Cooper, *Goodbye... et bonne chance ! : les adieux du Canada anglais au Québec*, Montréal, Le Jour, 1991 ; Jacques Parizeau, *Pour un Québec souverain*, Montréal, VLB, 1997. On pourrait allonger la liste.

Table des matières

MISE EN PAGES ET TYPOGRAPHIE :
LES ÉDITIONS DU BORÉAL

CE DEUXIÈME TIRAGE A ÉTÉ ACHEVÉ D'IMPRIMER EN DÉCEMBRE 2004
SUR LES PRESSES DE L'IMPRIMERIE AGMV MARQUIS
À CAP-SAINT-IGNACE (QUÉBEC).